GUIA DE VINÍCOLAS
ESPAÑA

Flávio Faria

RANKING COM 60 VINÍCOLAS PARA VOCÊ VISITAR

Copyright © Flávio Faria, 2019

Guia de Vinícolas España

Coordenação Editorial
Daniel Guazzelli

Avaliações
Flávio Faria

Projeto Gráfico
Soter Design

Diagramação, capa e mapas
Cataldo Design

Revisão
FFAS

Fotos de capa
Flávio Faria, Marqués de Murrieta

Fotos de miolo
Flávio Faria, Martín Berdugo, Remírez de Ganuza, Ostatu, Luis Alegre, Luis Cañas, Valserrano, Izadi, Baigorri, Marqués de Murrieta, Bodegas Bilbaínas, Faustino, Aalto, Pérez Pascuas, Valduero, Ramón Bilbao, Gómez Cruzado, Muga, La Emperatriz

---

F224g

Faria, Flávio.
    Guia de vinícolas España / Flávio Faria. -- São Paulo: Pioneira, 2019.
    252 p.: il. color.

    ISBN 978-85-67362-34-2

    1. Vinhos – España - Guias. 2. Viagem e turismo - España. 3. Vinho e vinificação. I. Título.

                                CDD: 641.2209469
                                CDU: 663.2(469)(05)

Edições Tapioca
Rua Fortaleza, 1430 – 6529-240
Santana de Parnaíba – Brasil
vendas@pioneiraeditorial.com.br

CONHEÇA A ARTEVINO: VINHOS ESPANHÓIS PREMIADOS E COM O MELHOR CUSTO-BENEFÍCIO

RIOJA

RIBERA DEL DUE[RO]

1. Malpuesto Tinto
2. Orben Tinto
3. Finca Villacreces
4. Pruno Tinto

RIOJA

RUEDA E TORO

5. Salbide Tinto
6. Izadi Crianza Tinto
7. Izadi Selección Tinto
8. Izadi El Regalo Tinto
9. Flor de Vetus Verdejo Bra[nco]
10. Flor de Vetus Tinto

ADEGA ALENTEJANA
VINHOS · AZEITES · ALIMENTOS
DESDE 1998

www.alentejana.com.br   @adegaalentejana

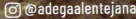

SUMÁRIO

Por que visitar vinícolas?	6
Como usar este guia	10
Como as vinícolas foram escolhidas	14
Ranking das vinícolas – España 2018-2019	18
Ranking Vinícolas Top 5	22
"As dez mais"	25
Ranking Os melhores vinhos do guia	26
Dicas de viagem	28
Ficha técnica	36
España *chic*	38
Ribera del Duero / Aranda de Duero	40
Ribera del Duero / Peñafiel	78
Rioja Alta / Haro	124
Rioja Alta / Logroño	164
Arabako Errioxa / Rioja Alavesa	184
Glossário	240
Vinícolas em ordem alfabética	250

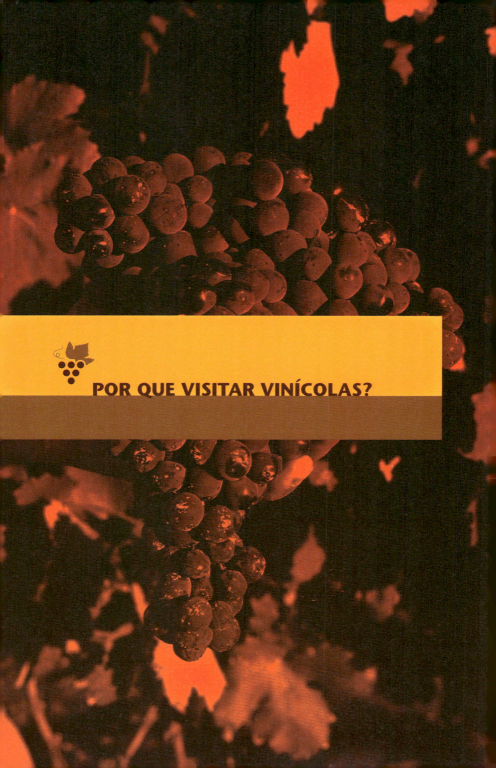

POR QUE VISITAR VINÍCOLAS?

"Porque cuando empreendas un nuevo viaje, mira con otros ojos, busca nuevos horizontes que conquistar y sensaciones que probar: gustos, aromas, matices que hacen la vida diferente."

Vinícola Ramón Bilbao

Viajar tem sido uma das formas de entretenimento que mais cresce, pois promove uma forte mudança no ambiente e na rotina. Querer voltar às origens, ao campo, sair das grandes cidades para "desacelerar" e desfrutar de uma vida mais simples, junto à natureza e ao vinho, tem sido a escolha de cada vez mais pessoas, de todas as idades, de todos os países. Conhecer vinícolas nos faz desvendar um universo de sensações através de paisagens, história, arquitetura, hospitalidade, dos vinhos e das pessoas.

A pressa não faz bons vinhos. Os espanhóis é que o digam!

Por que Espanha? Na verdade, deveríamos perguntar "Por que só agora?" A Espanha é o país do vinho! Possui a maior área plantada e é o terceiro maior produtor mundial. Não é necessário fazer muitas contas para perceber que a qualidade vem em primeiro lugar para os espanhóis, já que preferem produzir menos por hectare. E não têm pressa para colocar o vinho no mercado - os vinhos servidos nas vinícolas possuem no mínimo quatro anos de vida, o que ajuda muito a decidir o que comprar.

Tenho que confessar, porém, que os vinhos não me surpreenderam. Mas são surpreendentemente muito bons. E baratos. Isso mesmo. Os vinhos espanhóis oferecem a melhor relação preço-qualidade do mundo. Não são elaborados com uvas exóticas como em Portugal e na Itália, ou com técnicas "galáticas", como inventam os franceses. Mas não há como não se apaixonar pelo resultado. Um vinho chileno "top" custa mais que o dobro de um Ribera ou um Rioja, apesar desses últimos serem elaborados com mais cuidado. Compare!

O guia focou apenas duas regiões, mas são as melhores para viajar. Ribera é a nova Espanha vinícola, com seus potentes tintos autorais e de vinhedos singulares. E Rioja, "a velha senhora do norte", é a elegância em pessoa. Além de toda a tradição, vem recuperando variedades quase extintas e elaborando vinhos fantásticos e divertidos, confrontando com a monocordia Tempranillo de Ribera. Os brancos do norte também são especiais, elaborados com cada vez mais variedades. !Buen viaje y qué disfrute!

DEZ RAZÕES PARA CONHECER RIBERA E RIOJA

1. Contemplar os vinhedos da Rioja Alavesa do quarto do hotel na vinícola Eguren Ugarte.
2. Aprender e sentir a diferença entre vinhos Joven, Crianza, Reserva e Gran Reserva.
3. Visitar a Pago de Carraovejas.
4. Voltar ao passado visitando La Rioja Alta e Muga.
5. Almoçar no restaurante Zaldiaran.
6. Se emocionar visitando a Bodegas Valdemar
7. Aprender a fazer vinho na Bodegas Palacio.
8. Visitar o Museo de la Cultura del Vino, na Vivanco.
9. Beber e conversar com o Fernando, na Tritium.
10. Se perder pelos bares da Calle San Juan...

DEZ RAZÕES PARA VISITAR RIBERA E RIOJA DE NOVO

1. ... e se encontrar pelos bares da Calle Laurel.
2. Almoçar na Luis Alegre de frente para a Sierra Cantabria.
3. Reservar um dia da viagem para a rota dos monastérios, na Rioja.
4. Percorrer os vinhedos da Abadía Retuerta em 4x4, mas desta vez na primavera.
5. Boletus e ovo frito no restaurante El Lagar de Isilla.
6. Caminhar pelas ruas de Laguardia.
7. Comprar muitos vinhos na Valduero ao final da visita.
8. Passear pelas estradinhas da Rioja Alavesa.
9. Degustar todos os vinhos da Ramón Bilbao.
10. Se refastelar com Jamón Ibérico.

COMO USAR ESTE GUIA

Os objetivos deste guia são:

• Fazê-lo tomar a decisão de viajar!

• Ajudá-lo no planejamento da viagem.

• Acompanhá-lo durante o roteiro, pois as mudanças no meio do caminho são comuns e, em muitos casos, inesquecíveis.

Para quem está chegando agora, este é o quinto livro da série Le Winery Guide. Você não comprou um guia de turismo; nem um livro de vinho. O foco é a experiência enoturística. Óbvio que o vinho é importante, mas não deve ser único e decisivo para se escolher aonde ir, exceto naqueles casos em que você faz questão de conhecer determinada vinícola.

O guia avalia de forma independente e minuciosa as vinícolas e seus restaurantes, com o propósito de oferecer a melhor orientação para que você possa aproveitar a sua viagem ao máximo. Minha sugestão é que você leia os comentários sobre cada visita, veja as fotos e só então decida aonde quer ir – não leve apenas as estrelas em consideração. Verifique também quanto tempo tem disponível e quais regiões despertam maior interesse. E não deixe de conferir os websites das vinícolas antes da viagem.

O guia está dividido da seguinte forma:

España *chic*

Um roteiro de dez dias inesquecíveis com as melhores atrações do guia.

Regiões/Vinícolas

Em cada vinícola você encontrará:

• Avaliação geral, representada pelas estrelas conquistadas – nenhuma, uma, duas ou três.

• Ficha técnica com as informações de contato, além de dados a respeito da produção e área plantada.

• Texto descritivo da visita.

• "Vale conferir", que são dicas imperdíveis sobre alguns vinhos e detalhes curiosos da vinícola / visita.

• Fotos, muitas fotos, para você ter vontade de arrumar as malas.

Vinho por um dia

São 53 roteiros de um dia visando facilitar sua escolha com base em determinados interesses e, ao mesmo tempo, evitando deslocamentos irracionais. Apesar da diversidade de roteiros, os tintos dominam. Mas quem gosta de brancos e rosados também vai passar bem. E para os amantes da natureza, da arquitetura e de história, garanto que não se arrependerão. Podem comprar a passagem!

Comer e ficar

Este é um guia de vinícolas, portanto, essa seção é propositadamente limitada, mas suficiente para atender às expectativas.

Restaurantes dentro das vinícolas

Os restaurantes foram avaliados para garantir a você a melhor experiência possível.

Veja os critérios de avaliação:

• Impacto: decoração, uniforme dos atendentes, menu, banheiro, conservação, limpeza e vista.

• Conforto: espaço (espera e circulação), nível de ruído, iluminação e móveis.

• Estrutura: talheres, taças, louças.

• Serviço: recepção, cortesia, rapidez e serviço do vinho (apresentação, harmonização e acompanhamento durante a refeição).

• Comida (couvert, entrada, principal, sobremesa e café): sabor, apresentação e criatividade.

A partir dos critérios de avaliação acima os restaurantes são classificados com garfos de acordo com a pontuação conquistada:

🍴 70% dos pontos ou mais.

🍴 🍴 80% dos pontos ou mais.

🍴 🍴 🍴 90% dos pontos ou mais.

Restaurantes fora das vinícolas

• Nem todos os restaurantes visitados foram incluídos, pois em alguns a experiência não foi boa. Os que visitamos e gostamos muito, identificamos com o símbolo ❤. Aqueles que não visitamos, mas o pessoal das vinícolas recomendou, possuem o símbolo ℝ.

• Muitos restaurantes não têm serviço contínuo durante o dia, ou seja, abrem para o almoço, fecham durante a tarde e reabrem para o jantar. Em outras palavras: programe-se para não perder aquele restaurante que gostaria de conhecer. Mas, se por acaso acontecer, relaxe. Com certeza haverá algum lugar bem próximo que serve tapas ou uma tábua com salsichón, chorizo e queijo de ovelha. Uma garrafa de vinho, outra de água e listo.

Outros detalhes importantes:

• Mesmo quando abertos, os restaurantes funcionam em curtos períodos de tempo, por exemplo, das 13:30 às 15:30h. Assim, prefira chegar na primeira hora.

• O serviço não é tão rápido. Se estiver com pressa, prefira um bar de tapas;

• Os restaurantes são pequenos. Portanto, reservar é fundamental;

• Em geral os restaurantes não funcionam todos os dias da semana. E alguns fecham por duas semanas para férias em alguns períodos do ano. Confira no site antes de se programar;

• Não pense que aquele restaurante naquela cidadezinha não estará lotado. Não arrisque. Reserve.

E, como vivemos em um mundo de mudanças cada vez mais rápidas, verifique dias e horários de funcionamento no momento da reserva. E não se prenda às sugestões do guia e não confie cegamente nas dicas dos concierges dos hotéis. Em muitos casos, nunca foram ao restaurante e só repetem o que ouvem.

Hotéis

• Os hotéis/pousadas que gostamos muito estão identificados com o símbolo ❤, e os que têm o símbolo ℝ foram recomendados pelo pessoal das vinícolas e/ou nos hospedamos e aprovamos.

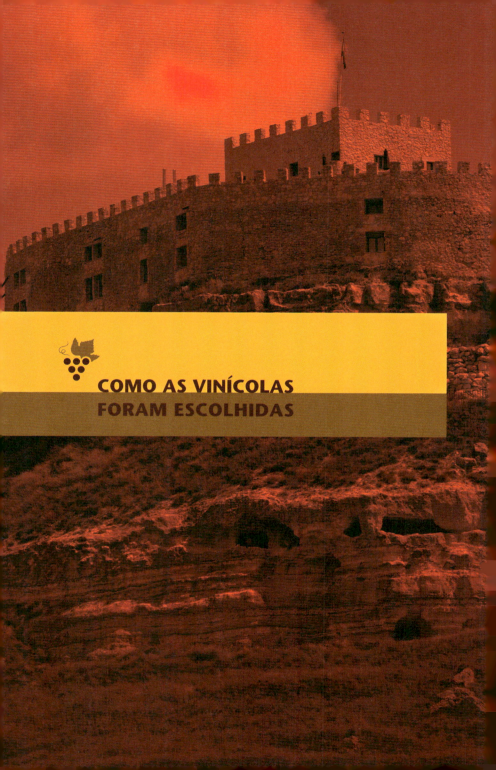

**COMO AS VINÍCOLAS
FORAM ESCOLHIDAS**

As 65 Denominações de Origem espanholas reúnem 4.313 vinícolas ou bodegas segundo o Guía Peñín, o mais completo guia de vinhos da Espanha. A partir da utilização dos critérios abaixo, apenas 60 vinícolas foram eleitas a participar do Le Winery Guide España

Distância e Relevância

O guia focou as D.O.s de Ribera del Duero e Rioja, pois são duas das mais prestigiadas e representativas em volume – Rioja é a primeira e Ribera, a quarta. Além disso, são contíguas e próximas a Madrid, principal porta de entrada no país. Há muitas outras regiões vinícolas na Espanha, mas seria impossível inclui-las nesta proposta. Minhas sinceras desculpas.

Participação no Guía Peñín

O primeiro corte foi a participação no Guía Peñín. Desta forma, das 790 vinícolas de Rioja apenas 269 fazem parte do guia, enquanto 202 das 282 existentes em Ribera marcam presença.

Só os melhores vinhos

Apenas as vinícolas que possuem algum vinho avaliado com 90 pontos pelo Guía Peñín receberam visita.

Interesse em receber visitas

Para que a vinícola fosse visitada, deveria possuir website e dele constar indicação referente a visitas ou turismo. Sim, existem outras vinícolas que recebem visitas, mas não foram avaliadas, pois não explicitam seus serviços em seu website.

Atendimento e organização

As vinícolas que não responderam ao e-mail enviado para o endereço que consta em seus websites e que não retornaram as ligações telefônicas não foram visitadas e avaliadas. E, se no momento da pesquisa, o website estava indisponível, a vinícola também foi excluída do guia.

Experiência

As vinícolas avaliadas que não obtiveram ao menos 50% dos pontos possíveis não foram recomendadas aos visitantes, pois a visita não valeu a pena (no caso, duas). E, caso 50% ou mais das vinícolas de uma região não tenham obtido ao menos metade dos pontos possíveis, a região foi automaticamente excluída do guia, fato que não ocorreu nesta edição.

Método de avaliação

Uma vez escolhidas, todas as vinícolas foram avaliadas seguindo-se os mesmos critérios. São mais de 150 pontos observados, desde o website – por onde a visita começa – até os detalhes de estrutura, atividades,

atuação do guia, serviços de degustação, venda de vinhos e outros artigos. Também é calculado um índice de valor, que considera o custo do tour, o preço dos vinhos degustados e a qualidade da visita, comparando-se cada vinícola contra a média das demais.

As visitas foram agendadas de forma aleatória, sendo realizadas:

- Sem aviso prévio às vinícolas de que seriam avaliadas.
- Nos mais diversos horários e dias da semana.
- Sob diversas condições climáticas.
- Em grupos grandes, pequenos ou mesmo individualmente.
- Seguindo-se roteiro e formato estabelecidos em cada vinícola.
- Com o acompanhamento de um ou mais guias da vinícola.

O objetivo da avaliação é tentar reproduzir a experiência de um visitante padrão. Saiba, porém, que se trata de uma tarefa complexa, pois cada visita é sempre diferente em virtude da interação do próprio grupo e deste com o guia. Todas as visitas foram gravadas em áudio.

Classificação

🏵 A vinícola possui uma visita organizada.

🏵🏵 Cuidados e atenção levados a sério.

🏵🏵🏵 Excelente visita, que lhe proporcionará ótimas recordações.

As vinícolas que não receberam nenhuma estrela aparecem relacionadas em ordem alfabética ao final do guia. Na maioria dos casos, as visitas valem a pena, sim, e fazem parte dos roteiros "Vinho por um dia".

RANKING DAS VINÍCOLAS – ESPAÑA, 2018-2019

	ESTRELAS	VINÍCOLA	POR QUE VISITAR	REGIÃO	PÁG
1		PAGO DE CARRAOVEJAS	*Uma incrível jornada enogastronômica*	Ribera / Peñafiel	112
2		ABADÍA RETUERTA	*Barricas voadoras e "vinhos livres"*	Ribera / Peñafiel	96
3		VIVANCO	*Devoção à cultura do vinho*	Rioja Alta / Haro	162
4		RAMÓN BILBAO	*A viagem começa aqui*	Rioja Alta / Haro	158
5		PALACIO	*Aposta na essência*	Rioja Alavesa	226
6		MARQUÉS DE CÁCERES	*Espíritu familiar*	Rioja Alta / Logroño	178
7		VALDEMAR	*Enoturismo 100% acessível e inclusivo*	Rioja Alavesa	232
8		VILLACRECES	*A joia escondida*	Ribera / Peñafiel	120
9		MARQUÉS DE RISCAL	*O marquês dos marqueses*	Rioja Alavesa	222
10		PRADOREY	*A ousadia de crer em si mesmo*	Ribera / Peñafiel	70
11		PÉREZ PASCUAS	*Vinhos quase eternos*	Ribera / Aranda	66
12		EL LAGAR DE ISILLA	*A primeira visita*	Ribera / Aranda	60
13		LA RIOJA ALTA	*"Só vinhos adultos"*	Rioja Alta / Haro	154
14		CAMPO VIEJO	*A maior de todas*	Rioja Alta / Logroño	174
15		LUIS CAÑAS	*Com a taça na mão*	Rioja Alavesa	220
16		SOLAR VIEJO	*La casa solarenga*	Rioja Alavesa	230
17		MUGA	*Reverência ao carvalho*	Rioja Alta / Haro	154
18		MATARROMERA	*Tradição e Inovação*	Ribera / Peñafiel	11
19		VIÑA REAL	*Objetos Voadores Identificados*	Rioja Alavesa	23
20		BILBAINAS	*Aqui tem vinhedo na visita!*	Rioja Alta / Haro	14
21		IZADI	*Cozinhando grandes vinhos*	Rioja Alavesa	21
22		BERONIA	*Vinhos celtas*	Rioja Alta / Haro	14
23		CEPA 21	*Espírito transgressor*	Ribera / Peñafiel	10
24		YSIOS	*O templo*	Rioja Alavesa	23
25		BAIGORRI	*Arquitetura a serviço do vinho*	Rioja Alavesa	20
26		LEGARIS	*O equilíbrio perfeito*	Ribera / Peñafiel	10
27		CAMPILLO	*Um château em Rioja*	Rioja Alavesa	20
28		LA EMPERATRIZ	*Visita de campo*	Rioja Alta / Haro	15

	ESTRELAS	VINÍCOLA	POR QUE VISITAR	REGIÃO	PÁG.
29	⭐⭐	VALDUERO	*Visita exclusiva*	Ribera / Aranda	76
30	⭐⭐	EMILIO MORO	*Tradição, inovação e responsabilidade social*	Ribera / Peñafiel	106
31	⭐⭐	PORTIA	*A catedral do vinho*	Ribera / Aranda	68
32	⭐⭐	LOS ARANDINOS	*Visita noturna*	Rioja Alta / Logroño	176
33	⭐⭐	TORREMILANOS	*Experiência completa*	Ribera / Aranda	74
34	⭐⭐	MARQUÉS DE MURRIETA	*Sinta-se especial*	Rioja Alta / Logroño	180
35	⭐⭐	DOMINIO DE CAIR	*Sonho de dois amigos*	Ribera / Aranda	58
36	⭐⭐	GÓMEZ CRUZADO	*O boteco do bairro*	Rioja Alta / Haro	150
37	⭐⭐	PROTOS	*La Primera en la Ribera*	Ribera / Peñafiel	114
38	⭐⭐	COMENGE	*A Paisagem também se bebe*	Ribera / Peñafiel	104
39	⭐	PAGO DE LOS CAPELLANES	*Vinhedos, família, tradição e sonhos*	Ribera / Aranda	64
40	⭐	CVNE	*Tradição espanhola*	Rioja Alavesa	146
41	⭐	VALSERRANO	*Trabalho bem feito*	Rioja Alavesa	234
42	⭐	ARZUAGA NAVARRO	*No coração da Ribera*	Ribera / Peñafiel	98
43	⭐	AMAREN	*A vinícola da mãe*	Rioja Alavesa	202
44	⭐	MARTÍN BERDUGO	*O laboratório*	Ribera / Aranda	62
45	⭐	AALTO	*Château finlandês*	Ribera / Peñafiel	94
46	⭐	TINTO PESQUERA	*A origem de tudo*	Ribera / Peñafiel	116
47	⭐	OSTATU	*A editora de vinhos*	Rioja Alavesa	224
48	⭐	REMÍREZ DE GANUZA	*O artista inquieto*	Rioja Alavesa	228
49	⭐	FAUSTINO	*Mais de 150 anos de história*	Rioja Alavesa	214
50	⭐	DAVID MORENO	*Diversão para toda família*	Rioja Alta / Haro	148
51	⭐	EGUREN UGARTE	*Pacote completo*	Rioja Alavesa	212
52	⭐	TINTO FIGUERO	*Experiência de gerações*	Ribera / Aranda	72
53	⭐	RODA	*A boutique do bairro*	Rioja Alta / Haro	160
54	⭐	VERÓNICA SALGADO	*"A Ribera é diferente"*	Ribera / Peñafiel	118
55	⭐	CONTINO	*Finca de vino*	Rioja Alavesa	210
56	⭐	TRITIUM	*"Somos diferentes"*	Rioja Alta / Logroño	182

VINÍCOLAS TOP 5

Selecionamos as cinco melhores vinícolas que se destacaram em cada uma das categorias abaixo:

VOCAÇÃO TURÍSTICA

Funcionamento, estrutura e atividades oferecidas.

VISITA TÉCNICA

Explicações referentes à fabricação do vinho, desde o campo até o engarrafamento. Você vai voltar para casa quase um enólogo.

DEGUSTAÇÃO

Local onde é realizada, estrutura e serviço.

GUIA

Atenção, entretenimento e controle da visita.

LOJA

Estrutura, variedade de produtos e serviço.

VALOR

Se a visita "vale o preço" em razão dos vinhos degustados e da qualidade do tour. Este índice é auferido através da pontuação obtida pela vinícola frente à média das demais.

RESTAURANTE

Foram avaliados: comida (sabor, combinações e texturas, apresentação e criatividade), serviço (vinho e atenção geral) e ambiente (estado de conservação, decoração, iluminação etc.).

TOP 5 – AS CINCO MELHORES EM:

VOCAÇÃO TURÍSTICA

1 – ABADÍA RETUERTA
2 – EGUREN UGARTE
3 – VIVANCO
4 – PORTIA
5 – ARZUAGA NAVARRO

VISITA TÉCNICA

1 – PALACIO
2 – VILLACRECES
3 – PÉREZ PASCUAS
4 – ARZUAGA NAVARRO
5 – YSIOS

DEGUSTAÇÃO

1 – RAMÓN BILBAO
2 – PAGO DE CARRAOVEJAS
3 – LA RIOJA ALTA
4 – PALACIO
5 – VALSERRANO

GUIA

1 – PÉREZ PASCUAS
2 – PAGO DE CARRAOVEJAS
3 – MARQUÉS DE MURRIETA
4 – IZADI
5 – RAMÓN BILBAO

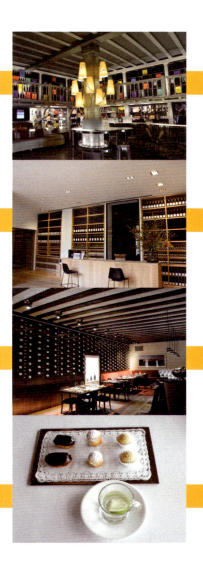

LOJA

1 – LA RIOJA ALTA
2 – MARQUÉS DE RISCAL
3 – BERONIA
4 – EL LAGAR DE ISILLA
5 – VIVANCO

VALOR

1 – PALACIO
2 – ABADÍA RETUERTA
3 – MARQUÉS DE CÁCERES
4 – VIVANCO
5 – EL LAGAR DE ISILLA

RESTAURANTE

1 – ABADÍA RETUERTA
2 – CEPA 21
3 – MARQUÉS DE MURRIETA
4 – PAGO DE CARRAOVEJAS
5 – MARQUÉS DE RISCAL

"AS DEZ MAIS"

A MELHOR
Pago de Carraovejas

A MAIOR
Campo Viejo, 31 milhões
de garrafas por ano

A MENOR
Verónica Salgado, 40 mil garrafas
por ano

A MAIS BONITA
Campillo

OS MELHORES VINHOS
Valduero, em Ribera; Muga,
na Rioja Alta

A MAIS ANTIGA
Marqués de Murrieta, 1852

A MAIS NOVA
Baigorri, 2012

A MAIS INOVADORA
Ramón Bilbao

A MAIS TRADICIONAL
La Rioja Alta

**A VISITA MAIS
EMOCIONANTE**
Valdemar

OS MELHORES VINHOS DO GUIA

Foram selecionados os dez melhores tintos de Ribera e de Rioja, e os dez melhores do guia entre brancos e rosados. Lembrando que só entraram no ranking os vinhos oferecidos pelas vinícolas durante a visita.

Cada um bebe o vinho que merece. Saúde!

TOP 10 TINTOS DE RIBERA DEL DUERO

1. Abadía Retuerta - Pago Negralada, 2015 - Tempranillo
2. Aalto – Aalto PS, 2015 - Tempranillo
3. Tinto Figuero - Milagros de Figuero, 2014 - Tempranillo
4. Valduero - 6 años, 2010 - Tempranillo
5. Comenge - Familia Comenge, 2014 - Tempranillo
6. Pérez Pascuas - Finca La Navilla, 2014 - Tempranillo
7. Briego – Infiel, 2009 - Tempranillo
8. Pago de los Capellanes - El Nogal, 2014 -Tempranillo
9. Emilio Moro – Malleolus, 2015 - Tempranillo
10. Matarromera – Reserva, 2014 - Tempranillo

TOP 10 TINTOS DE RIOJA

1. Muga – Torre Muga, 2014 – Tempranillo, Mazuelo, Graciano
2. Palacio - Cosme Palacio 1894, 2014 - Tempranillo
3. Contino - Viña del Olivo, 2016 – Tempranillo, Graciano
4. Roda – Roda I, 2011 – Tempranillo, Graciano
5. Marqués de Murrieta – Dalmau, 2013 – Tempranillo, Cabernet Sauvignon, Graciano
6. Izadi - El Regalo, 2014 - Tempranillo
7. Ostatu - Gloria de Ostatu, 2010 - Tempranillo
8. La Emperatriz – Garnacha Cepas Viejas, 2014 - Garnacha
9. Valdemar – La Gargantilla, 2015 - Garnatxa
10. La Rioja Alta - Viña Ardanza, 2009 – Tempranillo, Garnacha

BRANCOS E ROSADOS

1. Palacio - Cosme Palacio 1894, 2014 – Viura, Malvasía
2. Ramón Bilbao - Lalomba, 2018 – Garnacha, Viura
3. Abadía Retuerta – Le Domaine, 2016 – Sauvignon Blanc, Verdejo
4. Gómez Cruzado - Montes Obarenes, 2014 – Viura, Tempranillo Blanco
5. Bilbaínas - Viña Pomal Vinos Singulares, 2013 - Tempranillo Blanco
6. Torremilanos - Peñalba López, 2016 – Blanca del País, Sauvignon Blanc, Chardonnay, Viura
7. Ostatu - Lore de Ostatu, 2016 – Viura, Malvasía
8. Marqués de Murrieta – Capellanía, 2014 - Viura
9. Contino – Blanco, 2017 – Viura, Garnatxa Blanca, Malvasía
10. Izadi - Blanco Fermentado en Barrica, 2016 – Viura, Malvasía

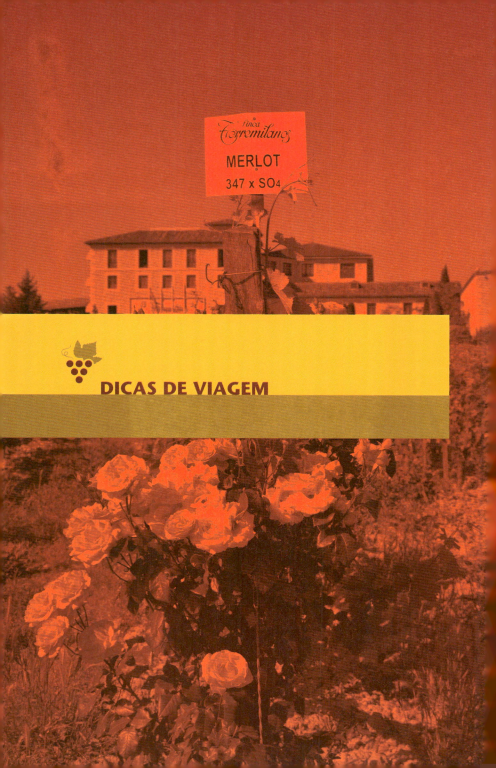

Quando ir

A primeira decisão é querer ir! Obviamente, para pagar menos é preciso comprar a passagem e reservar os hotéis com antecedência. Dispor de uma agenda flexível também ajuda muito a economizar. Quem foge dos feriados daqui e da alta temporada de lá (fim de julho até início de setembro) consegue os melhores preços. Madrid é a melhor opção para entrar no país, tanto pela distância quanto pela quantidade de voos. Não deixe de comprar uma passagem que lhe permita despachar duas malas, pois não trazer vinhos é uma decisão pouco inteligente.

Fríío

Ribera é mais alta e fria. Sim, neva. A partir de meados de novembro até fim de fevereiro a temperatura não passa dos dez graus, mas raramente cai abaixo de zero. O inverno é a estação com menos sol, que se põe um pouco antes das 18 horas. A chuva não é problema, pois o centro do país é seco. Apesar da temperatura, você não passará frio, já que todos os ambientes são aquecidos. Leve luvas, cachecol, casaco e deixe o resto por conta do vinho. As vantagens do inverno são reservar mais facilmente as visitas e fazer o tour em grupos pequenos ou individualmente. A desvantagem é não visitar o vinhedo (mas quando o guia é bom ele te leva independente da temperatura).

A Rioja, mesmo mais ao norte, é menos fria em função da Sierra Cantabria que segura os ventos e as precipitações vindas do Atlântico. Almoçar e jantar acompanhado de patatas a la riojana (sempre quentinhas) é muito bom.

Calor

Os meses de julho e agosto são os mais quentes, com temperaturas que podem passar dos 30 graus em ambas as regiões. O dia escurece depois das 21 horas e o sol brilha o tempo todo. A noite é sempre agradável. Não esquece de se hidratar com muitos "líquidos" rosados e brancos, heim? Combinam bem com tapas na base de bacalhau e frutos do mar.

"No meio do caminho"

As demais épocas do ano são minhas preferidas. Fugir do verão significa menos turistas, enquanto evitar o inverno propicia visitas mais completas, que incluem ir ao vinhedo, por exemplo. No outono, a paisagem é belíssima, com os vinhedos pintados de amarelo e vermelho. Mas a melhor época para aprender é a da colheita, que vai de meados de setembro até o fim de outubro.

O que levar

Óculos escuros e chapéu. Também recomendo roupas e calçados para caminhar ou correr. Acredite, depois de se exercitar pela manhã seu dia será muito melhor (além de aliviar a consciência). Para qualquer época do ano, não esqueça de levar seus medicamentos usuais e protetor labial.

O que trazer

A memória lotada de boas lembranças, a alma renovada e a cabeça sem stress. Recomendo trazer o que realmente é único – vinho e, claro, Jamón Ibérico de Bellota com 36 meses de cura. Não é hora de economizar: traga o Ibérico mesmo, de cerdo de raça 100% Ibérica. Eu sei, é caro. Mas no Brasil é muito mais e dificílimo de encontrar.As marcas das quais mais gosto são Cinco Jotas, Joselito e Beher. Salchichón e chorizo são bem mais em conta e devem ser trazidos também para a felicidade da família e dos amigos.

Das vinícolas, eu trouxe um boné da Luis Cañas e um avental da Amaren. Nas minhas palestras tenho notado que a maioria das pessoas não conhece a bomba de vácuo. Ela é fundamental, sobretudo para aquele casal em que apenas um lado gosta de vinho. Para aproveitar a garrafa por três ou quatro dias, compre esta bomba nas vinícolas. Basta posicionar a válvula no lugar da rolha e bombear. Quando ficar difícil realizar o movimento, é porque o ar já foi retirado. Coloque a garrafa na porta da geladeira em pé e seja feliz.

O cortagotas (ou salvagotas) é uma dica antiga. Trata-se de um disco flexível que deve ser colocado no gargalo para direcionar o fluxo do vinho, evitando que o vinho escorra pela garrafa e suje a toalha da mesa. Depois que você usar um desses, não vai conseguir viver sem. Toda vinícola vende. Mas, em contrapartida, inibe aquele som mágico do vinho saindo da garrafa e enchendo a taça. Você decide.

Hospedagem

O enoturismo não harmoniza bem com cidade grande e distante. Nem pensar em ficar em Valladolid, por exemplo, que está a quase uma hora de carro de Peñafiel. No primeiro dia pode até funcionar. Depois, você se cansará e começará a encurtar seu dia pensando na viagem de volta. Além disso, tudo o que você ganha durante o dia em termos de relaxamento e paz será neutralizado ao voltar para um hotel dentro da cidade.

Todas as regiões possuem uma rede hoteleira satisfatória. É possível hospedar-se em Aranda e visitar a região de Peñafiel? Hospedar-se em Logroño e visitar Haro?

Sim, mas acho cansativo e perigoso. Não me incomodo em trocar de hotel algumas vezes porque acho que faz parte da experiência conhecer novos hotéis e redondezas (a cada janela uma nova vista). A propósito, os restaurantes sugeridos ficam próximos dos hotéis sugeridos.

O que comer

Culinária local. As duas regiões se parecem neste quesito. Em Ribera há mais boletus e cordero. Em Rioja, mais pintxos e peixes, já que está mais próxima do mar. O porco e o cordeiro são onipresentes. Prove cortes diferentes para nós brasileiros, como manitas, secretos e molejas, entre outros. Para acompanhar, sempre uma salada mista, batatas fritas e, às vezes, arroz.

Moeda

O Euro é a moeda oficial. O ideal é que você já leve do Brasil para não se preocupar com isso. Obviamente, cartões de crédito são aceitos em todos os lugares.

Transporte

A melhor maneira de aproveitar a viagem é de carro, pois somente assim você poderá curtir cada cidadezinha, parar e apreciar aquela vista, ou mesmo mudar toda a programação no meio do dia se quiser. As estradas são excelentes, como você deve imaginar. Uma dica é alugar o carro em locadoras de grande porte, que vão lhe prestar assistência caso você necessite, como Europcar, Sixt, Hertz ou Avis. As pequenas oferecem preço mais em conta, mas os carros são piores, mais rodados. Se você ainda assim optar pelas mais baratas, não economize e feche com seguro completo. Nunca alugue na Gold Car. Péssima experiência.

O pior de qualquer viagem é perder tempo. Este é o propósito principal deste guia: fazê-lo aproveitar ao máximo sua viagem auxiliando-o no planejamento da mesma, "desvendando" cada vinícola para que você direcione seu roteiro em função de suas preferências.

O GPS funciona, mas ficou no passado. Basta inserir o nome da vinícola ou do restaurante no Waze e pé na estrada. Verifique apenas quanto custa o pacote de internet de sua operadora no Brasil. Ou compre um chip no aeroporto quando chegar (geralmente fica mais em conta).

Agendar visitas

Todas as vinícolas do guia podem ser contatadas pela internet ou por telefone. Normalmente, o pagamento é feito na própria vinícola, ao final da visita. Para garantir, o ideal é marcar as visitas com antecedência de uma semana, mesmo naquelas onde já existem tours com horários pré-definidos. Os recepcionistas dos hotéis costumam ser solícitos e podem ajudá-lo, caso você não tenha conseguido fazer isso antes. Não recomendo aparecer na vinícola sem reserva. Sim, o máximo que pode acontecer é você não conseguir fazer o tour, mas sem dúvida poderá comprar algumas garrafas de vinho e talvez degustar. No entanto, para garantir que você não perca tempo, reserve. Não custa nada.

Trazendo vinho

Os vinhos espanhóis possuem a melhor relação preço-qualidade do planeta. Ir até a Espanha e não comprar não é uma opção! Cada pessoa pode trazer 16 garrafas, que pesa ao redor de 1,3 kg cada. Se você vai despachar duas malas de 23 kg cada, haverá espaço de sobra para roupas, alguns presentes e o vinho. Mas planeje bem sua mala, pois três peças de roupas a mais sem necessidade significa trazer uma garrafa a menos. Viajo sempre com uma balança de mão (comprei em algum aeroporto) para aproveitar os 23 kg.

Para proteger os vinhos, a dica é comprar a embalagem chamada wine skin (pele de vinho) ou similar, vendida em algumas vinícolas. São duas camadas de plástico – uma normal e outra com bolhas. Coloque a garrafa dentro e feche com a fita adesiva da

própria embalagem. Para durar várias viagens, utilize apenas a fita adesiva exterior, deixando a fita interior intacta. Sem wine skin? O jeito é enrolar as garrafas nas roupas e evitar o contato entre elas. As embalagens de papelão ou bolsas plásticas fornecidas pelas vinícolas servem apenas para levar o vinho até o hotel.

Se você não comprou suas 16 garrafas, ainda dá tempo de comprar mais algumas no free shop. Os preços são iguais ou um pouco mais caros que nas vinícolas, mas a sua base de comparação deve ser o Brasil. E, neste caso, vale muito a pena. São permitidas até seis garrafas na cabine.

E se a garrafa quebrar?

Depois de vários anos viajando pelo mundo e pelo Brasil carregando vinho, informo que meu índice de quebra é de 0,2%, ou seja, uma a cada quinhentas garrafas quebrará. Sim, acontece. Neste guia perdi o Calmo, raro exemplar produzido pela Legaris. Embalei com cuidado e tudo mais. Enfim, fiz a minha parte. E o destino fez a dele, me levando uma das melhores e mais caras. Tudo bem, agora tenho mais um motivo para voltar a Ribera.

Método profissional

Para os aficionados e abonados que vão comprar várias garrafas caras, existem malas especiais para o transporte de vinhos que podem ser adquiridas pela internet. São 99,9% seguras, projetadas para quem quer transportar vinhos caros ou não quer perder tempo embalando as garrafas. O peso é um pouco maior que o de uma mala comum do mesmo tamanho, mas se justifica pela proteção extra que propicia às garrafas. O único ponto negativo é que alguns modelos chamam demasiada atenção nos aeroportos.

Onde comprar vinho?

Minha regra de ouro: só compro vinho que já tenha provado e achado bom (até certo limite de preço, claro). Mas, infelizmente, na Espanha, o melhor preço você não encontrará nas vinícolas, mas sim nos sites decantalo.com e bodeboca.com. A diferença fica entre 10 e 15%. Para quem vai ficar uma temporada no país com um endereço fixo, talvez seja uma boa opção. Também encontrei vinhos mais baratos em hipermercados. Lamentável, não?

Mas não deixei de comprar nas vinícolas, pois muitas não cobram a degustação se você compra vinho e várias ofereceram mais vinhos do que o programado pelo tipo de tour contratado. Em resumo, não me senti lesado em função do serviço, mas fiquei desapontado. Segundo minhas pesquisas, as vinícolas a seguir não vendem seus vinhos mais caro que o mercado. Compre sem moderação.

• Ribera del Duero: Aalto, El Lagar de Isilla, Martín Berdugo, Tinto Pesquera, Valduero, Verónica Salgado;

• Rioja: Baigorri, Casa Primicia, David Moreno, Eguren Ugarte, La Emperatriz, La Rioja Alta, Los Arandinos, Muga, Ostatu, Tritium, Valserrano.

Como comprar vinho?

Uma grande vantagem da Espanha em relação aos outros países é poder provar vinhos quase prontos. Em nenhum outro lugar se dá tanto valor ao afinamento dos vinhos em garrafa. É comum provar vinhos com cinco ou sete anos de vida, fato inimaginável em outros países, cujas vinícolas precisam escoar rapidamente a produção. Mesmo não sendo um expert em vinho, fica fácil perceber como o vinho evoluiu até agora e quão melhor ele estará em mais um par de anos.

Que vinho comprar?

Acredito que o melhor vinho é aquele que você prova e gosta. Não se oriente pelo preço, pela reputação do produtor ou pela uva. Confie no seu paladar. Você naturalmente desenvolverá habilidades que o ajudarão a diferenciar vinhos bem feitos de vinhos mal feitos e a descobrir que estilo de vinho prefere (mais ou menos encorpado, mais frutado, mais amadeirado etc.). É um processo lento, aperfeiçoado durante toda a vida. Repare em suas habilidades no primeiro dia da viagem e depois compare com o último dia. Que diferença...

Algumas vinícolas não disponibilizam seu vinho mais caro no tour. Nesse caso, há duas opções: prová-lo por taça ou, para os que viajam em grupo, comprar a garrafa e abrir na hora.

Na Espanha as vinícolas estão elaborando cada vez mais vinhos de autor, que escapam da classificação clássica – Joven, Crianza, Reserva e Gran Reserva – e vinhos de vinhedos singulares, com pouquíssima produção. Estes vinhos são super bem cuidados e, pela exígua produção, são vendidos a preços exorbitantes. Se você provar e se "apaixonar" por determinado vinho, e não pesar no bolso, arremate!

Compre tintos de Ribera (força) e de Rioja (elegância). Leve ao menos dois Gran Reserva e alguns brancos barricados. Mas não leve só Tempranillo. Experimente um rótulo de cada varietal diferente, como Mazuelo, Graciano, Garnacha e Maturana. Complete sua cota de garrafas com Reservas e Crianzas especiais, como os da Valduero, Muga e Dominio de Cair.

Os guias de vinho funcionam? Vale a pena comprá-los?

Sim. As degustações profissionais – com objetivo de conceder uma nota numérica aos vinhos – são feitas às cegas (será?) e reúnem a opinião de gente envolvida com o vinho há muitos anos. São enólogos, sommeliers, jornalistas e enófilos que seguem métodos cada vez mais eficazes para tentar garantir uma avaliação consistente dos vinhos. O Guía Peñín é a referência na Espanha.

É bom lembrar, todavia, que qualidade e preço não andam juntos no mundo do vinho. Ao acompanhar as publicações, é possível conhecer novas vinícolas e rótulos, e você ainda economiza dinheiro comprando vinhos excelentes e pagando menos. Como é possível? Simples: alguns produtores ainda não são conhecidos e, apesar de seguirem os mesmos padrões de qualidade das mais prestigiadas vinícolas, não podem cobrar por isso.

Como a avaliação dos vinhos pelos críticos é feita às cegas, a equação **tradição + prestígio = status ➜ preço alto** não funciona. Por essa razão, é fácil encontrar dois vinhos com os mesmos 93 pontos e preços até 400% diferentes!

Não. Por três razões. Primeiro, acredito que os organizadores dos guias e das degustações sejam honestos e bem-intencionados – prefiro o mundo do vinho com os guias e suas avaliações. Entretanto, a capacidade humana em distinguir sabores e aromas é limitada e varia muito entre os degustadores. Um mesmo vinho pode aparecer em posições muito distintas ao compararmos o ranking de duas publicações ou provadores distintos.

O segundo aspecto é com relação aos pontos. Se a capacidade de percepção de sabores e aromas e sensações já é difícil, imagine a tarefa de atribuir pontos a cada um deles? Vez por outra são alardeados na imprensa especializada casos de vinhos muito baratos classificados acima de vinhos muito caros de produtores renomados. Como explicar?

O terceiro ponto diz respeito ao gosto. Você pode preferir um vinho de 91 pontos a um de 93. Por que não? Ou um Ribera 89 pontos a um Rioja de 91. E, para ficar mais interessante, um vinho de 90 pontos hoje, pode cair para 89 em mais quatro anos. Ou aumentar para 92. Resumindo, o pior a fazer é comprar vinho sem provar. O ideal é visitar as vinícolas com o Guía Peñín e degustar os vinhos mais bem pontuados para tirar suas próprias conclusões.

Ressaca

Agora entramos no campo das superstições. Ou da experiência. Seguem algumas reflexões sobre o tema:

• Bebidas mais escuras proporcionam ressacas mais intensas.

• Recuse bebidas de qualidade duvidosa. Se você não tem dinheiro para beber vinho bom, beba cerveja boa.

• O melhor amigo da taça de vinho é o copo d'água. O vinho é seco. Logo, você terá sede. Sem água por perto, você beberá mais vinho, sua festa ficará cara e será lembrada no dia seguinte.

• Faça como os espanhóis: beba picando algo. O vinho completa o prazer da comida, prolongando-a e estimulando o convívio entre as pessoas.

• Se você passar do limite, tome um comprimido para suavizar a dor de cabeça, beba bastante líquido (se possível, água de coco), coma um ovo cozido e faça uma caminhada leve, pois o movimento ajuda a espalhar o álcool pelo corpo, acelerando sua absorção.

FICHA TÉCNICA

Todo vinho tem sua ficha técnica. Esta é a do
Guia de vinícolas – España – Le winery guide:

DE PONTA A PONTA: apenas 265 quilômetros, da Abadía Retuerta, em Ribera, até a Marqués de Murrieta, em Logroño, na Rioja Alta.

IDADE DO VINHEDO: 24 meses (após o lançamento do Guia de Vinícolas Brasil & Uruguay)

CORTE: 40% apaixonado por vinho, 40% apaixonado por viagem e 20% apaixonado jamón.

ESTÁGIO EM MADEIRA: na verdade em ótimo asfalto e quase nenhuma terra. Foram 3.451 quilômetros rodados em três viagens.

TEMPO EM GARRAFA: cinco meses, entre escrita e trabalhos editoriais.

NOTAS DE CATA: 397 rótulos provados em vinícolas, barricas, tanques e restaurantes, acompanhados de hospitalidade farta e boa comida.

TEMPERATURA DE SERVIÇO: de 4º C, na Palacio, em Laguardia, até 32º C, na Portia, em Gumiel de Izan, Ribera del Duero.

HARMONIZAÇÃO: ideal para desfrutar com a família e os amigos.

TEMPO DE GUARDA: para guardar pouco e usar muito nas viagens, por vários anos.

AÇÚCAR RESIDUAL: zero. Graças às caminhadas e corridas pela manhã.

ESPAÑA CHIC

Chic é aproveitar a culinária tradicional de Ribera del Duero, preparada em restaurantes simples com receitas que atravessam séculos. E valorizar o trabalho artesanal da gastronomia basca de vanguarda, uma das melhores do mundo. Saber diferenciar os vinhos Joven, Crianza, Reserva e Gran Reserva será útil para o resto da vida, onde quer que você esteja, quem quer que você seja.

DIA 1 – PRIMEIRO DIA - CHEGADA EM RIBERA DEL DUERO

A viagem até a Rioja é muito longa para quem enfrentou muitas horas de aeroporto e avião. Por isso a dica é ficar por Ribera. Traslado até o Hotel Castilla Termal Monasterio de Valbuena. Descanse no spa. Jantar no Taller Arzuaga.

DIA 2 – DO VINHO, O MELHOR

Degustação na Aalto logo cedo. Depois explore a bela propriedade da vizinha Abadía Retuerta em veículo off road. Não deixe de fazer o tour, provar e comprar vinhos. Almoço no restaurante Vinoteca do hotel Le Domaine para conhecer os demais rótulos. Passeie por Peñafiel e visite o castelo. Jantar leve no restaurante do hotel.

DIA 3 – AGORA É ARANDA

Depois da caminhada mantinal, visite a Valduero e seus túneis. Compre muitos vinhos! Almoço no restaurante Cepa 21 e visita na Portia, a vinícola mais moderna de Ribera.

DIA 4 – RIOJA AÍ VOU EU

Desperte cedo para aproveitar a manhã de sol e percorrer os vinhedos da bela Finca La Emperatriz. Se a temperatura não permitir, substitua esta visita pela majestosa Catedral de Burgos, construída entre os séculos XIII e XVI. Almoço no restaurante La Vieja Bodega e passeio pelo centro de Haro. Hospedagem e jantar no hotel Palacio Tondón

DIA 5 – VIAGEM AO PASSADO E DE VOLTA PARA O FUTURO

Visite a La Rioja Alta e deguste os vinhos da Muga. Almoço no restaurante La Cueva de Dona Isabela. Conheça a Ramón Bilbao, com direito a degustação direto das barricas e visita em realidade virtual. Não deixe de provar mais vinhos no wine bar. Passeie pela Ferradura, em Haro, e coma todos os pintxos que te apetecerem.

DIA 6 – VINHO É CULTURA

Direto para o Museo de la Cultura del Vino, na Vivanco. Ele merece ao menos duas horas do seu tempo. Almoço no restaurante da vinícola. Prove vinhos na Marqués de Cáceres e na Tritium. Jantar de despedida de Haro no Beethoven.

DIA 7 – LOGROÑO

Será a "cidade grande" da viagem, com seus 152 mil habitantes. Visite a Campo Viejo, a maior vinícola do guia. Almoce na Marqués de Murrieta. A hospedagem será no Eurostars Fuerte Ruavieja. À noite divirta-se nas Calles Laurel e San Juán.

DIA 8 – ONGI ETORRIA ARABAKO ERRIOXA

Cruze o Ebro logo cedo para chegar à Rioja Alavesa, o pedacinho mais lindo da viagem. Visite a Marqués de Riscal, mas seu almoço será na vinícola Luis Alegre com sua bela vista. Termine o dia conhecendo a Ysios, a obra-prima de Santiago Calatrava. Pernoite no hotel Viura. Jantar em Laguardia, no restaurante Los Parajes.

DIA 9 – ALTA GASTRONOMIA

Visita rápida na Remírez de Ganuza. Almoço no restaurante Zaldiaran, em Vitoria-Gasteiz. Termine o dia na Luis Cañas. Jantar no hotel.

DIA 10 – VOLTANDO PARA CASA

Manhã livre para caminhar por Laguardia. Almoço na vinícola Portia, já em Ribera. Seguir viagem até o aeroporto de Madrid. !Hasta pronto!

RIBERA DEL DUERO

O vinho já era produzido e consumido aqui há pelo menos 2.500 anos pelos romanos. Em 1982, um grupo de viticultores preocupados em garantir a qualidade do vinho e a valorização da região, criam a Denominação de Origem Ribera del Duero, que se estende por mais de 22 mil hectares de vinhedos nas províncias de Burgos, Segovia, Soria e Valladolid. A rodovia N-122 corta a D.O. de ponta a ponta: são cerca de 260 km desde Valladolid até Soria. No meio do caminho você encontrará 282 vinícolas que produziram mais de 93 milhões de litros em 2016, a quarta maior produção do país.
O terroir da Ribera é perfeito para o vinho: invernos frios, verões cálidos, solos pobres com forte presença calcária e 500 milímetros de chuva por ano. O grande diferencial, porém, fica por conta da amplitude térmica acima dos vinte graus, fazendo com que as uvas amadureçam mais lentamente, proporcionando excelentes níveis de acidez para os potentes vinhos de Ribera del Duero.

PRINCIPAIS REGRAS:

• Os vinhos tintos e rosados deverão apresentar graduação não inferior a 11,5 e 11,0, respectivamente.

• As uvas permitidas são a Tinta del País, Tinta Fina ou Tempranillo, Garnacha, Cabernet Sauvignon, Malbec, Merlot e Albillo (branca).

• A Tinta del País deverá representar, no mínimo, 75% da composição do vinho.

• *A densidade por hectare deve variar entre 2 e 4 mil plantas e, no máximo, 40 mil gemas.*

• *A produção máxima não poderá ultrapassar 7 mil quilos por hectare.*

• *Durante a produção, a extração máxima deverá ser de 70 litros para cada 100 quilos de uva.*

• *O envelhecimento dos vinhos em carvalho se dará através de barricas de até 330 litros e deverá ser realizado na mesma zona de produção, isto é, não podem envelhecer em outro local que não a vinícola.*

• *Para receberem a menção "Crianza" os tintos deverão envelhecer por 24 meses, sendo 12 deles em barricas de carvalho.*

• *Os vinhos rosados "Crianza" deverão envelhecer por 24 meses, sendo 6 deles em barricas de carvalho.*

• *Para receberem a menção "Reserva" os tintos deverão envelhecer por 36 meses, sendo 12 deles em barricas de carvalho e os demais em garrafa.*

• *Para receberem a menção "Gran Reserva" os tintos deverão envelhecer por 60 meses, sendo 24 deles em barricas de carvalho e os demais em garrafa.*

• *Para os vinhos "Reserva" e "Gran Reserva" a contagem do período de envelhecimento se inicia quando do enchimento das barricas.*

ARANDA DE DUERO

Aranda de Duero é a porta de entrada da Ribera para quem chega de Madrid. A produção de vinho na cidade remonta ao século XIV como comprovam documentos da época. Pertencente a Burgos, viveu seus tempos de glória nos séculos XVI, XVII e XVIII, quando suas mais de 300 bodegas subterrâneas estavam em plena produção. Escavadas a dez metros abaixo da superfície, eram livres de umidade e de vibrações, e mantinham a temperatura constante (entre 10 e 12 graus) durante todo ano. Atualmente ainda é possível visitar as mais de cem bodegas remanescentes - dentro do restaurante El Lagar de Isilla há uma delas. A Don Carlos também é das mais visitadas.

A cidade carece de atrações diferenciadas, exceto pelo Museo de Juegos Tracionales, perfeito para quem viaja com as crianças. No quesito gastronomia, a cidade não decepciona. Além do Lechazo, prove os pratos com boletus e setas.

Para quem busca história e cultura, vale a pena ir a Burgos, a uma hora de carro. Sua catedral, patrimônio da humanidade, foi construída em estilo gótico é uma das mais bonitas da Europa. A visita demora um pouco mais de uma hora. O Museo de la Evolución Humana é a outra atração recomendada da cidade. Instalado em uma construção moderna, seus quatro andares são repletos de informação e interação. Imperdível.

DOMINIO DE CAIR
EL LAGAR DE ISILLA
MARTÍN BERDUGO
PAGO DE LOS CAPELLANES
PÉREZ PASCUAS
PORTIA
PRADOREY
TINTO FIGUERO
TORREMILANOS
VALDUERO

VINHO POR UM DIA

1 TINTOMANÍACOS I – SUPER TINTOS
Só vinhaço, alguns entre os dez melhores do guia. Se você procura estrutura, complexidade e longevidade, este roteiro é o seu número.

SUGESTÃO DE ROTEIRO: Comece na Valduero e pare na Tinto Figuero para provar e comprar. Almoço no Chuleta Balcón de Duero em Roa e fim do dia na Pérez Pascuas.

2 TINTOMANÍACOS II – OS ELEGANTES
Na Pago de los Capellanes não saia sem comprar o El Nogal. Na PradoRey não deixe de comprar o Gran Reserva, que só conhece carvalho francês, e o Adaro, elegante vinho elaborado em homenagem ao fundador da vinícola.

SUGESTÃO DE ROTEIRO: Pago de los Capellanes pela manhã. Almoço em Aranda no El 51 del Sol. Visita na PradoRey à tarde, onde a degustação é uma Master Class.

3 WHITELOVERS

Ribera definitivamente não é terra de brancos. Mas na Portia tem um Verdejo que é uma verdadeira bomba de aromas. A Torremilanos elabora o único branco de Ribera entre os melhores do guia, o Peñalba López, assemblage de Blanca del País, Sauvignon Blanc, Chardonnay e Viura. A PradoRey elabora um blanco muy exquisito, o PR3 Barricas, simbiose entre a Verdejo e o carvalho.

SUGESTÃO DE ROTEIRO: visita na PradoRey pela manhã. Almoço na Portia e degustação na Torremilanos no fim do dia.

4 ROSADOS E BORBULHAS

A Dominio de Cair elabora um rosado com três uvas (já viu isso?), Garnacha e Tempranillo, tintas, e Albillo, branca. O aroma é branco e o paladar é tinto. Comprei uma garrafa para tentar entender o que me atropelou na vinícola. No rosado da Martín Berdugo predomina a acidez. E a Torremilanos produz D.O.s Cava desde 1979. Você provará Peñalba López Brut Nature e o Brut Rosé.

VINHO POR UM DIA

SUGESTÃO DE ROTEIRO: conheça a Martín Berdugo logo cedo. Vá direto para a Dominio de Cair e escolha a visita Tierra, onde servem quase um almoço. No happy hour, passe no Hotel Torremilanos para provar os espumantes. Quem sabe você fica para o jantar.

5 CRIANÇAS

PradoRey com seu programa Enoturismo em Família é a única opção. Visite a vacaria da vinícola e o Museo de los Juegos Tradicionales, em Aranda, onde é possível ver como nós, adultos, nos divertíamos com bolinhas de gude, pião entre muitos outros brinquedos e jogos que tinham algo em comum: não precisavam da eletricidade.

SUGESTÃO DE ROTEIRO: comece o dia na PradoRey. Almoço no Casa Florencio. Visita ao museu à tarde.

6 HISTÓRICO

Abaixo da superfície, em Aranda, há quilômetros de calados, onde antes da criação da Denominação de Origem Ribera del Duero, eram produzidos milhões de litros de vinho. Uma dessas bodegas, pertence à vinícola El Lagar de Isilla, localizada ao lado da entrada do restaurante da vinícola, no centro de Aranda. Está permanentemente aberta à visitação.

SUGESTÃO DE ROTEIRO: tire este dia para conhecer a região e seus castelos, monastérios e igrejas. Almoce no restaurante El Lagar de Isilla e aproveite para visitar a bodega subterrânea.

7 NATUREZA

Ribera é uma extensa planície. Não há cadeias montanhosas expressivas como em Rioja. Mas a beleza é a perder de vista.

SUGESTÃO DE ROTEIRO: você não precisa necessariamente visitar as vinícolas. Entre no carro, leve água e prepare a máquina. Saindo de Aranda, vá em direção a La Horra (PradoRey no caminho, à direita). Siga em direção à Roa e Pedrosa de Duero, passando em frente a Pago de los Capellanes e Pérez Pascuas. Almoce no Nazareno

em Roa. Volte em direção a Soltillo de la Ribera e Gumiel del Mercado, passando próximo à Valduero. Retorne para Aranda.

8 COMPRAS
A Martín Bergudo elabora vinhos bons e abaixo de dez euros, como o Rosado e o Barrica. Na Lagar de Isilla leve o Gestación e o Vendimia Seleccionada. A Valduero tem a melhor relação custo-benefício para vinhos premium. Comprei quase todos: Unacepa, 6 Anõs, Crianza, Reserva e Gran Reserva.

SUGESTÃO DE ROTEIRO: visita na Valduero pela manhã. Almoço na El Lagar de Isilla. Fim de tarde na Martín Berdugo. Se a temperatura ajudar, não deixe de subir no terraço para admirar a vista.

ONDE COMER E FICAR

COMER

A estrela de Aranda e região é o Lechazo, que nada mais é que o cordeiro alimentado com leite apenas. A receita é simples, como ouvi de um dono de restaurante: "basta ter o melhor cordeiro, um forno perfeito que chegue à temperatura de 180 graus no tempo certo e a mantenha constante. A lenha de encina deve ter sido secada por um ano etc. Vai ao forno em panela de barro com água, sal e umas gotas de limão por uma hora". Moleza, né?

DENTRO DAS VINÍCOLAS

🍴🍴🍴 *Triennia Gastrobar (cotemporânea). Vinícola Portia. Antigua carretera N-1, km 170 – Gumiel de Izan. Tel. (34) 947 102 700. Diariamente, às 13:30 e às 14h.*
Ambiente moderníssimo, seguindo as linhas da vinícola.
Quando os pratos são esteticamente construídos, sempre imagino que faltará sabor. Mas aqui foi tudo maravilhoso, do começo ao fim:

Láminas de Gambas y Viera, Bacalao crocante, Morcilla con Crema de Manzana, Terrina de Pato Rustida e Corte de Praline, Migas Dulces y Helado de Leche para fechar.
Para gastar menos e/ou economizar tempo, basta pedir um menu de vinos y tapas, ou, de segunda à sexta, optar pelo menu executivo.

🍴 Torremilanos (tradicional). *Hotel Torremilanos. Carretera N-122, km 274 – Aranda de Duero. Tel. (34) 947 512 852. Segunda a sábado, das 14 às 15:30h e das 21 às 22:30; domingo, das 14 às 15:30h.*
Ideal para o jantar de quem está hospedado e quer abusar dos bons vinhos da casa. Pratos bem servidos - um casal divide entrada, prato principal e sobremesa tranquilamente.

La Casona de La Vid (tradicional). *Vinícola El Lagar de Isilla. Calle Camino Real, 1 – La Vid y Barrios. Tel. (34) 947 530 434. Diariamente, das 13:30 às 16h e das 20:30 às 23:30h.*
É o restaurante do hotel, ao lado da vinícola. Muito conveniente, sobretudo para quem não quer ir até Aranda depois de um dia longo. Comida boa sem surpresas.

PradoRey (tradicional). *Posada PradoRey. Carretera CL-619 Magaz-Aranda, Km 64,1– Gumiel del Mercado. Tel. (34) 947 546 900. Sábados no almoço e diariamente no jantar, para os hóspedes.*
Escolhendo a visita gastronômica, aos sábados, você economiza tempo e dinheiro. Visita às 12:30h e almoço logo em seguida. Comida e ambiente simples.

ONDE COMER E FICAR

FORA DAS VINÍCOLAS

El Lagar de Isilla ♥ *(asador, tradicional).* Calle Isilla, 18 – Aranda de Duero. Tel. (34) 947 510 683. Diariamente, das 10 às 23:45h.
Sempre movimentado. O melhor cuarto de lechazo asado da cidade e um atendimento carinhoso. Mas antes, dê uma espiada no menu micológico e peça como entrada Boletus a la plancha con huevo frito y lascas de foie mi-cuit (vou entender se você repetir). Não saia sem o pimentão recheado de sobremesa. Escrevi certo. Só pede.

El 51 del Sol ♥ *(cozinha de autor).* Calle Sol de las Moreras, 51 – Aranda de Duero. Tel. (34) 947 556 034. Quarta, das 12 às 17h e das 19:30 às 1:30h; quinta, das 19:30 à 1:30h. Sexta, das 12 às 17h e das 19:30 às 2h; Sábado e domingo, das 12 às 2h.
Ambiente com muito estilo, tendo a madeira e as formas como expoentes, mas sem tirar o protagonismo do sabor, servido em pratos desenhados especialmente por David Izquierdo, cozinheiro e pensador. Optei pelo Menú #Clasicos 19, que inclui várias delícias para petiscar com o primeiro vinho, seguindo com polvo, arroz de lula e o prato principal, que poder ser carne ou peixe.

Asados Nazareno ♥ (asador, tradicional). *Calle Puerta del Palacio, 1 – Roa. Tel. (34) 947 540 214. Terça a domingo, das 14:30 às 17h.*
Referência em cozinha tradicional na cidade. Esqueça o cardápio. Vai pedindo aspargos, morcilla, anchovas, queijo, jamón. Lechazo e salada como plato de fondo. E, por favor, acompanhado por alguns dos vinhos das proximidades, como um Pérez Pascuas ou Tinto Figuero.

La Raspa ® (mediterrâneo). *Calle San Gregorio, 11 – Aranda de Duero. Tel. (34) 947 107 505. Segunda, das 10 às 16h; terça à sexta, das 10 às 16h e das 19 às 23:30h. Sábado, das 12 às 17h e das 19 às 24h; domingo, das 12 às 17h e das 19 às 23:30h.*
Cansado de Lechazo e da comida castellana? Viaje nas saladas, peixes e nas diversas opções de arroz. A sensação é de ter tomado um avião e aterrissado em algum lugar da costa espanhola ou asiática.

La Pícara Gastroteca ® (cozinha de autor). *Plaza Santa María, 2 – Aranda de Duero. Tel. (34) 645 446 688 e 947 722 805. Quinta, a partir das 20h; sexta, das 13 às 17h e a partir das 20h. Sábado, das 12 às 17h e a partir das 20h; domingo, das 12 às 17h.*
Moderno e despojado, tudo o que vem à mesa foi pensado e traz o toque jovem, irreverente e competente da Chef Sandra Chicote. Roteiro: bravas con esa salsa pícara, croquetas de jamón, morcilla e boletus, salada de canónigos (primo do agrião) e bonito. Essas foram as entradas. Daqui em diante é por sua conta.

Aitana ® (asador, tradicional). *Carretera N1, km 153 – Aranda de Duero. Tel. (34) 947 514 445. Diariamente, exceto quarta, das 12:30 às 16h e das 20 às 23h.*
Mais um peso pesado da culinária tradicional, comandado por Valentín González há décadas. Excelente ambiente e atendimento.

ONDE COMER E FICAR

Chuleta Balcón de Duero Ⓡ ***(asador, tradicional).*** *Rua Correia Pinto, 365 – Roa. Tel. (34) 947 540 312. Almoço: quinta à terça, das 13 às 16h; jantar todos os dias (exceto quarta), das 21 às 23h.* Bela vista para quem senta próximo à janela. Disputa com El Nazareno o trono da cidade quando o assunto é Lechazo.

La Traviesa (tapas). *Calle Santa María, 3 – Aranda de Duero. Tel. (34) 947 511 081. Segunda à sexta, das 14:30 às 2h; sábado e domingo, das 12 às 3h.* A proposta é de releitura dos clássicos da zona, como o lechazo e a morcilla, servidos como ingredientes em tapas e bocaditos, que ficarão ainda melhores acompanhados dos vinhos por taça e das lembranças do seu dia em Ribera.

Casa Florencio (asador, tradicional). *Calle Isilla, 14 – Aranda de Duero. Tel. (34) 947 500 230. Segunda à quinta, das 13:15 às 16:30h; sexta e sábado, das 13:15 às 16:30h e das 21:30 às 23h. Domingo, das 13:15 às 16:30h.* Restaurante tradicionalíssimo, aberto desde 1949. Para começar, sopa de alho com ovo. E depois, tudo o que a brasa preparar. Nas noites de sextas e sábados, a tradição dá espaço ao menu degustação ovelha negra, proposta autoral e disruptiva.

Tudanca (asador, tradicional). *Carretera N1, km 153 – Aranda de Duero. Tel. (34) 947 506 011. Diariamente, das 7 às 23h.* Indo ou vindo de Madrid? Cansado e com fome? Nem que seja para o café e o doce da casa, a Hojaldre, uma espécie de massa folhada com creme. Além do serviço à la carte, há também um self service farto, ideal para não perder tempo. Bom custo-benefício.

El Ventorro (tradicional). *Carretera Valladolid-Soria, km 273 – Aranda de Duero. Tel. (34) 947 536 000. Diariamente, das 7 às 00:30h.*
Quando a fome apertar e tudo estiver fechado, corra para cá e algo será preparado para lhe salvar. Um lanche e café quentinho? Ou uma tábua de queijos e frios? O restaurante serve chuleta, rabada e outros pratos tradicionais. Além da cafeteria, há um empório com boa variedade de vinhos, queijos e enchidos, além de produtos gourmet, artesanato e objetos de decoração. Boa opção de parada para quem vai ou vem de Madrid.

El Chuleta (familiar). *Calle las Cruces, 3 – Roa. Tel. (34) 3223-5414. Diariamente, exceto quarta, das 10 à meia-noite.*
Turista aqui só você. Não elabore muito. Peça uma carne com salada e batata frita. Um café e a conta. Bora para outra vinícola.

FICAR

DENTRO DAS VINÍCOLAS

Hotel Torremilanos ❤. *Carretera N-122, Km 274 – Aranda de Duero. Tel. (34) 947 512 852.*
Adorei me hospedar aqui. As instalações são excelentes. Quartos enormes, ótimos café da manhã e jantar. Hóspedes visitam a vinícola de graça. Excelente para caminhar pela manhã ou no fim do dia.

ONDE COMER E FICAR

El Lagar de Isilla ♥. *Camino Real, 1 – La Vid y Barrios. Tel. (34) 947 530 434.*
Suítes enormes e todas diferentes umas das outras. A decoração é um pouco extravagante – havia uma árvore no meio do quarto – mas o que importa é que tudo funcionou perfeitamente. Limpeza e atendimento também não decepcionaram. Excelente custo-benefício.

Posada PradoRey. *Carretera Magaz – Aranda, km 64 – Ventosilla. Tel. (34) 947 546 900.*
Mansão do Século XVII transformada em pousada. Pertence à vinícola. Instalações espartanas, quase conventuais. Mais caro do que deveria ser.

FORA DAS VINÍCOLAS

Eko Hotel Boutique & Spa Capítulo Trece. *Calle San Miguel, 18 – Maderuelo. Tel. (34) 921 556 395.*
Situado na pequena vila medieval de Maderuelo e próximo ao Parque Natural Hoces del Río Riaza. Um recanto minimalista com muito charme e um circuito de spa "pagável" (finalmente!). Ótima sugestão como primeira noite na Espanha para quem chega em Madrid próximo da hora do almoço. Não aceita crianças.

Hotel Rural y SPA Kinedomus Bienestar. *N-122, km 196 – Aranda de Duero. Tel. (34) 947 613 878.*
Quartos espaçosos, bom chuveiro e equipe atenciosa. Muita tranquilidade para descansar e curtir o spa. O hotel também organiza vários tours, como caçar setas ou percorrer o Duero em caiaque.

Las Baronas Hotel Rural. *Calle La Fuente, 2- Santa María de la Salceda. Tel. (34) 947 557 440.*
Atendimento acima da média, bom café da manhã e tudo limpinho. 14 acomodações.

Hotel Montermoso. *Carretera Madrid-Irun, km 163 – Aranda de Duero. Tel. (34) 947 501 550.*
Levando-se em conta que a cidade não oferece tantas opções de hospedagem, este pequeno hotel próximo à rodovia vem bem a calhar para passar uma noite. Não é caro e tem um bom restaurante. 57 acomodações.

Hotel Tudanca Aranda. *N-1, Autovía del Norte, km 153 – Fuentespina. Tel. (34) 947 506 011.*
Destaque para o restaurante, para a localização e para a vista dos vinhedos. Em época de colheita, os hóspedes podem participar desta atividade.

Hostal El Ventorro. *Caretera Valladolid – Soria, km 273. Tel. (34) 947 536 000.*
Perfeito para quem está viajando e não quer entrar em Aranda. Bom custo benefício. 50 acomodações.

DOMINIO DE CAIR

www.dominiodecair.com

FUNDAÇÃO 2008 **VINHEDOS PRÓPRIOS** 30 ha **PRODUÇÃO ANUAL** 320 mil garrafas

END. Carretera Aranda - La Aguilera, Km 9 – La Aguilera
DISTÂNCIA DO CENTRO DE ARANDA DE DUERO 9,4 km
VISITAS enoturismo@dominiodecair.com
TEL. (34) 947 545 276
FUNCIONAMENTO segunda a sábado, horário a combinar

Sonho de dois amigos

Luis Cañas e seu melhor amigo decidiram fortalecer ainda mais seu vínculo de amizade e realizar o sonho de fazer vinho juntos. O amigo faleceu antes de ver a bodega finalizada e Luis segue o projeto com seu estilo bodegueiro: "só fazemos vinho".

A obsessão pela qualidade da uva é marca registrada da família, pois "só as melhores uvas podem fazer um grande vinho". Os vinhedos de altitude e antigos - com mais de 120 anos em alguns casos - são os preferidos, e compõem parcial ou integralmente os vinhos. Maceração pré-fermentativa e seleção grano a grano, por tamanho e peso, completam os cuidados com a uva. Os vinhos são complexos, mas de boca suave. O segredo? Paciência. Normalmente estagiam mais do que o exigido pelo Conselho Regulador.

A visita arranca com a taça de Rosé na mão (que maravilha) e segue pelas instalações entre uma explicação e outra. O grande diferencial, porém, é degustar o mesmo vinho em barrica americana e francesa: a diferença entre elas ficará cravada na sua memória para sempre. Recomendo a visita Tierra, pois se provam mais vinhos e os acompanhamentos gourmet substituem tranquilamente o almoço, abrindo a agenda para outra visita mais tarde. Portanto, tenha isso em mente quando reservar. Ao final, a taça é sua.

Vale conferir:

- *Rosado com três uvas: Tempranillo, Albillo e Garnacha colhidas prematuramente de vinhedos velhos. Nariz de branco e boca de tinto. Surpreendeu, comprei! Ideal para aperitivos.*

- *Cuvée. 15% de Merlot para divertir. 9 meses em barrica. Um Super Roble! Redondo, cheio de frutas vermelhas. Vinhedo de 25 anos. Excelente custo-benefício.*

- *Crianza. Complexo, persistente. Uma explosão de frutas negras e especiarias. Vinhedos de 45 anos e rendimentos de 3,5 toneladas por hectare. Talvez o melhor Crianza de Ribera.*

- *Tierras de Cair. Um "Reserva superior". Vinhedos antigos, 24 meses de carvalho francês. Muito intenso no nariz. Muito complexo, café, fruta madura. Um espetáculo.*

EL LAGAR DE ISILLA
www.lagarisilla.es

FUNDAÇÃO *1995*   VINHEDOS PRÓPRIOS *40 ha*   PRODUÇÃO ANUAL *350 mil garrafas*

END. *Carretera N-122, s/n - La Vid y Barrios*
DISTÂNCIA DO CENTRO DE ARANDA DE DUERO *19 km*
VISITAS *enoturismo@lagarisilla.es*
TEL. *(34) 947 530 434*
FUNCIONAMENTO LOJA *terça a domingo, das 10:30 às 14:30h e das 16:30 às 20h. Visitas: terça a domingo, às 11 e 12:30h; terça, quinta, sexta e sábado, também às 17 e 18:30h*

A primeira visita

Uma das vinícolas mais visitadas de Ribera. Talvez pelo hotel? Pelo restaurante? Pela loja? Sem dúvida pelo atendimento cálido que deixa o visitante cômodo como se estivesse em casa. Pode ser sua primeira vinícola na Espanha. Para quem aterrissa em Madrid no meio do dia ainda é possível pegar a última visita. Opte pela experiência completa: visita, hospedagem e jantar no restaurante em Aranda de Duero.

A família começou a elaborar seus vinhos na antiga bodega subterrânea do século XV, situada a mais de dez metros de profundidade, abaixo do restaurante, que fica bem no centro de Aranda. Não deixe de visitar!

No tour são transmitidas todas as explicações sobre o processo de elaboração, além das regras da Denominação de Origem Ribera de Duero. Também se degusta mosto ou vinho em processo. A loja é impressionante: acessórios para vinho, objetos de decoração, azeite e até vinho. Os vinhos são bem cuidados e os preços camaradas. Sugiro a degustação Gama Alta, onde são servidos quatro vinhos acompanhados de queijo e chorizo.

Vale conferir:

- *Gestación.* São 9 meses em ventre francês até dar à luz. Vinhedos de mais de 60 anos. Fermentado em barricas. Chocolate, café e caramelo dominam. Potente em boca.

- *Reserva.* O melhor da degustação. Ameixa e mirtilo se misturam à canela, à pimenta negra e ao couro. Uma cor muita intensa possui este vinho.

MARTÍN BERDUGO

www.martinberdugo.com

FUNDAÇÃO *2000*   **VINHEDOS PRÓPRIOS** *87 ha*   **PRODUÇÃO ANUAL** *500 mil garrafas*

END. *Carretera de la Colonia, s/n – Aranda de Duero*
DISTÂNCIA DO CENTRO DE ARANDA DE DUERO *2,1 km*
VISITAS *bodega@martinberdugo.com*
TEL. *(34) 947 506 331*
FUNCIONAMENTO *segunda à sexta, das 9 às 14h e das 16 às 18h*

O laboratório

António Berdugo é um enólogo curioso. Apesar de fazer parte da linhagem de viticultores da zona, aqui a tradição dá lugar à experimentação. A proposta é tornar a produção cada vez mais sustentável. O vinhedo biológico ocupa 30 hectares e vem crescendo. Projetos de redução do uso de água e energia estão em andamento, além de outro que monitora as atividades das aves, que comem ao menos 3% das uvas a cada ano.

Do mirante, observam-se todos os hectares de uma só vez com o Duero ao fundo. Existem 200 pontos de controle e seis sensores que transmitem dados a cada minuto evitando, por exemplo, que as plantas sofram demais sem água. Fotos térmicas tiradas por drones detectam o grau de maturação da uva e, já pensando em uma possível mudança climática no futuro, 60 variedades diferentes estão plantadas para avaliação.

Todo este esforço para elaborar vinhos que não dão medo de provar. O rendimento não passa das 6 toneladas por hectare, um pouco abaixo do exigido pela Conselho Regulador.

Vale conferir:

- *Rosado. "Acidez de branco". Muito frutado e combina com tudo.*
- *Joven Roble. 4 meses de barrica. Perfeito com petiscos. Polivalente. Fácil de beber e comprar.*
- *Reserva. Intenso. Notas tostadas, terroso. Redondo na boca.*
- *MB. Fruta madura, especiarias, balsâmico.*

PAGO DE LOS CAPELLANES
www.pagodeloscapellanes.com

FUNDAÇÃO *1996* **VINHEDOS PRÓPRIOS** *120 ha* **PRODUÇÃO ANUAL** *1 milhão de garrafas*

END. Camino de la Ampudia, s/n – Pedrosa de Duero
DISTÂNCIA DO CENTRO DE ARANDA DE DUERO 26,6 km
VISITAS visitabodega@pagosdeloscapellanes.com
TEL. (34) 947 530 068
FUNCIONAMENTO segunda a sábado, visitas às 12 e 16:30h. Loja aberta das 10 às 14h e das 16 às 18h.

Vinhedos, família, tradição e sonhos

Paco Rodero nasceu em Pedrosa de Duero e foi ganhar a vida em Barcelona. Recebe de herança alguns hectares, reacendendo o sonho de fazer seu próprio vinho. Sendo uma bodega familiar, o foco é obter a máxima qualidade, mas com muito respeito à terra. Colheita manual, baixos rendimentos, seleção ótica de uvas, e vinificação por gravidade, parcela a parcela, em tanques troncocônicos

A moderna vinícola só elabora Tempranillos com uvas oriundas do "Golden Diamond", quadrilátero formado pelas cidades de Roa, La Horra, Anguix e Pedrosa de Duero. Aqui o carvalho só fala francês e as barricas são utilizadas apenas três vezes, outro sinal de cuidado.

As linhas externas, ásperas e retas, contrastam com a tranquilidade do imenso e silencioso lounge onde os turistas podem degustar e comprar vinhos em um ambiente sofisticado e de bom gosto. Ao final da visita, apenas você e sua taça viva de tinto, relaxado, agradecendo aos céus a contemplar a paisagem muda que eterniza o tempo por alguns merecidos instantes.

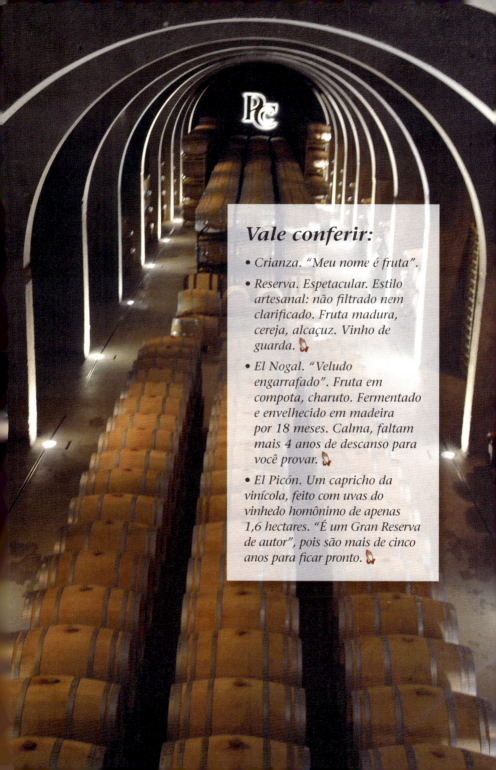

Vale conferir:

- *Crianza*. "Meu nome é fruta".

- *Reserva*. Espetacular. Estilo artesanal: não filtrado nem clarificado. Fruta madura, cereja, alcaçuz. Vinho de guarda.

- *El Nogal*. "Veludo engarrafado". Fruta em compota, charuto. Fermentado e envelhecido em madeira por 18 meses. Calma, faltam mais 4 anos de descanso para você provar.

- *El Picón*. Um capricho da vinícola, feito com uvas do vinhedo homônimo de apenas 1,6 hectares. "É um Gran Reserva de autor", pois são mais de cinco anos para ficar pronto.

PÉREZ PASCUAS

www.perezpascuas.com

FUNDAÇÃO 1980 **VINHEDOS PRÓPRIOS** 150 ha **PRODUÇÃO ANUAL** 500 mil garrafas

END. *Carretera de Roa, s/n – Pedrosa de Duero*
DISTÂNCIA DO CENTRO DE ARANDA DE DUERO 27 km
VISITAS *vinapedrosa@perezpascuas.com*
TEL. *(34) 947 530 100*
FUNCIONAMENTO *segunda à sexta, horário a combinar*

Vinhos quase eternos

Para obtê-los, somente através de uvas pequenas e de pele grossa, concentradas, cheias de cor, taninos e polifenóis. Uvas filhas de mães estressadas de até 90 anos, plantados densamente em vaso nos hectares argilosos do quadrilátero de terras mais prestigioso da província de Burgos, formado pelas cidades de Roa, Pedrosa de Duero, Anguix e La Horra.

Na década de 1970, enquanto os vizinhos arrancavam vinhedos antigos para plantar cereais, os irmãos Pérez Pascuas faziam o inverso, apostando na máxima qualidade e mantendo a autenticidade da Ribera del Duero. Nada de seguir as tendências. Foco naquilo que nunca sai de moda...o terroir.

Nesta família, a personalidade vem na frente do volume. Alguns vinhos são elaborados com exíguas duas toneladas por hectare. Degustá-los é como "mascar o terroir". São diretos e explosivos, saindo dos "padrão Ribera", cada vez mais comerciais.

A visita é extremamente profissional, recheada de história, técnica e paixão pelo vinho.

Vale conferir:

- *Viña Pedrosa Crianza.* 100% Tempranillo, "sem traje e maquiagem". Vinhedos de 30 anos. 18 meses de barricas. Notas terrosas e minerais. Redondo, potente.

- *Reserva.* Taninos maduros. 10% de Cabernet Sauvignon para temperar. Notas lácteas e frutas maduras enchem a boca.

- *Finca La Navilla.* Vinho de autor. Uvas de 850 metros. A amplitude térmica permite que açúcar e acidez convivam harmoniosamente. Menos madeira que o Reserva. Moderno, elegante, surpreendente.

PORTIA
www.bodegasportia.com

FUNDAÇÃO 2010   **VINHEDOS PRÓPRIOS** 160 ha   **PRODUÇÃO ANUAL** 1 milhão de garrafas

END. Antigua carretera N-1, km 170 – Gumiel de Izan
DISTÂNCIA DO CENTRO DE ARANDA DE DUERO 13,7 km
VISITAS info@bodegasportia.com ou visitas@grupofaustino.com
TEL. (34) 947 102 700
FUNCIONAMENTO diariamente, verificar horários no site

A catedral do vinho

Em latim, Portia significa oferenda e dá nome ao sétimo satélite do sétimo planeta de nosso sistema solar, Urano. Não por acaso, é a sétima vinícola do grupo Faustino. Sua arquitetura estelar foi o primeiro projeto de Norman Foster no mundo do vinho.

O edifício chama atenção de todos que passam pela rodovia. Visto de cima, é uma estrela de três pontas – fermentação, envelhecimento e engarrafamento. A construção de três andares, imperceptíveis pelo lado de fora, foi pensada para facilitar o processo, fazendo com que o vinho percorra a menor distância possível entre o vinhedo e a garrafa.

As formas duras e as superfícies metálicas que refletem a luz por fora, contrastam com um ambiente de pouca luz (toda ela natural) em seu interior, populado por esculturas e silêncio. A sensação é de se estar dentro de alguma nave da saga Star Wars. Acha exagero? Pois no verão é oferecida a atividade de astroturismo. Veja no site.

O pedigree Faustino, tecnologia de ponta e carvalho francês garantem sucesso de cada vinho lançado.

Vale conferir:

- Verdejo. Foi o primeiro branco da segunda viagem. Era um dia de sol e calor. Que frescor, que equilíbrio, que preço!

- Prima. Potente. Taninos marcados e acidez agradável. Ideal para carnes e até peixes na brasa. Aromas a amoras e frutas negras. Barato por ser um vinho de autor.

- Triennia. Apenas 7 mil garrafas produzidas. Malolática no carvalho francês com bâttonage (raro em tintos). No nariz, alcaçuz e chocolate. Não está pronto. Para comprar e guardar.

- O restaurante vale muito a pena! Prove os vinhos que não foram servidos no tour.

PRADOREY

www.pradorey.es

FUNDAÇÃO 1989 **VINHEDOS PRÓPRIOS** 520 ha **PRODUÇÃO ANUAL** 2 milhões de garrafas

END. Carretera CL-619 Magaz-Aranda, Km 66,1 – Gumiel del Mercado
DISTÂNCIA DO CENTRO DE ARANDA DE DUERO 11,5 km
VISITAS info@pradorey.com
TEL. (34) 947 546 900
FUNCIONAMENTO terça a domingo, horários disponíveis no site

A ousadia de crer em si mesmo

A propriedade de 1.503 foi comprada pela Rainha Isabel para ser uma de suas reservas de caça. Três mil hectares, sendo 520 de vinhedos, divididos em oito pagos e 141 parcelas. Da pousada à vinícola são 3 km margeando os vinhedos. Correr com uma paisagem assim em uma ensolarada manhã de primavera antes de visitar a vinícola não tem preço. Que saudade de Ribera!

Javier Adaro teve a ousadia de crer nele próprio e construiu o sonho de sua vida. Produz grãos, azeite, leite, queijos e vinhos. A visita, contudo, se atém à produção de vinho (mas há um tour específico para as crianças visitarem a vacaria).

A fermentação é natural, isto é, se dá apenas com as leveduras do campo. Os tanques, troncocônicos, facilitam a extração de cor e taninos durante a maceração. Os tintos são elaborados a partir de Tempranillo, Cabernet Sauvignon e Merlot, enquanto Verdejo e Sauvignon Blanc são a base dos brancos, exceto, no caso de El Cuentista, um raro blanc de noir.

A degustação foi excepcional. "Aprendi a degustar de novo", sobretudo brancos.

Vale conferir:

- **PR3 Barricas.** Os whitelovers devem prová-lo. Vinhedos de mais de cinquenta anos. Só três toneladas por hectare, nove meses em barrica, sendo três meses em cada origem – americana, francesa e Europa central. Bâttonage diário. O Verdejo, ao final, está irreconhecível. Perfumado e maquiado como a noiva entrando na igreja. Untuoso e áspero ao mesmo tempo. Denso, complexo, com toques de mel e fruta cristalizada. Definitivamente gastronômico. Que tal um cozido? Arroz com mariscos talvez?

- **Élite.** Feche os olhos e sinta-se em um bosque. Equilíbrio perfeito entre fruta madura, cacau e especiarias. Estruturado sem ser pesado. Saboroso, enche a boca. Produção limitada.

TINTO FIGUERO

www.tintofiguero.com

FUNDAÇÃO 2001 **VINHEDOS PRÓPRIOS** 80 ha **PRODUÇÃO ANUAL** 400 mil garrafas

END. Carretera La Horra – Roa, km 2,2 – La Horra
DISTÂNCIA DO CENTRO DE ARANDA DE DUERO 20,4 km
VISITAS bodega@tintofiguero.com
TEL. (34) 947 542 127
FUNCIONAMENTO segunda a sábado, visitas às 12 e 14h

Experiência de gerações

José María e Milagros Figuero querem que seus vinhos reflitam o trabalho duro de muitas gerações. Ele passou a vida comprando vinhedos de vinhas velhas em torno da pequena La Horra, na "melhor região do mundo", segundo ele. "Invernos rigorosos e longos; verões curtos e quentes... esse é o segredo desta região", comenta a guia.

Sua coleção tem 21 vinhedos com cepas de 60 a 90 anos e acima dos 800 metros de altitude, favorecendo uma amplitude térmica de 25 graus. Solos sem irrigação e colheita manual garantem a qualidade para elaborar vinhos memoráveis, fato comprovado com louvor ao final do tour.

A vinícola dispõe de instalações modernas, simples e funcionais, privilegiando luz e ventilação naturais, além do uso da gravidade durante a vinificação. O processo é explicado de forma breve, mas fique à vontade para perguntar. A visita é gratuita.

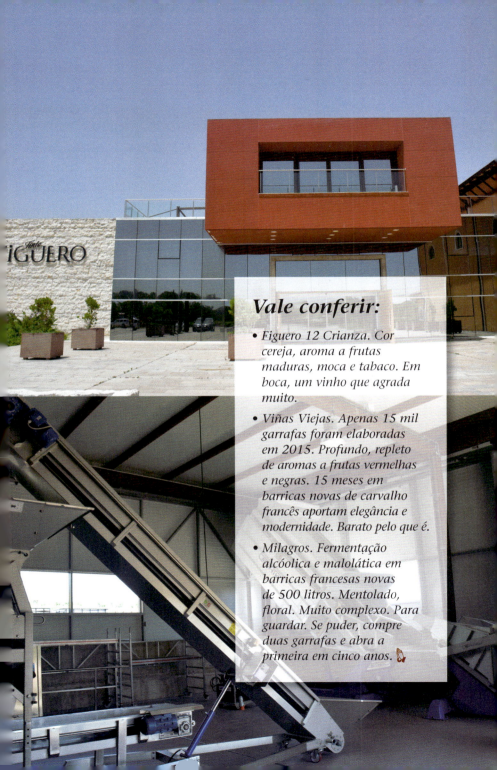

Vale conferir:

- Figuero 12 Crianza. Cor cereja, aroma a frutas maduras, moca e tabaco. Em boca, um vinho que agrada muito.

- Viñas Viejas. Apenas 15 mil garrafas foram elaboradas em 2015. Profundo, repleto de aromas a frutas vermelhas e negras. 15 meses em barricas novas de carvalho francês aportam elegância e modernidade. Barato pelo que é.

- Milagros. Fermentação alcóolica e malolática em barricas francesas novas de 500 litros. Mentolado, floral. Muito complexo. Para guardar. Se puder, compre duas garrafas e abra a primeira em cinco anos.

TORREMILANOS

www.torremilanos.com

FUNDAÇÃO 1903 **VINHEDOS PRÓPRIOS** 200 ha **PRODUÇÃO ANUAL** 700 mil garrafas

END. Carretera N-122, km 274 – Aranda de Duero
DISTÂNCIA DO CENTRO DE ARANDA DE DUERO 6,6 km
VISITAS hotel@torremilanos.com ou no próprio site
TEL. (34) 947 512 852
FUNCIONAMENTO diariamente, às 11h

Experiência completa

A vinícola foi uma das cinco fundadoras da Denominação de Origem Ribera del Duero. Não obstante, também elabora vinhos sob a Denominação Cava e com a etiqueta de Castilla y León.

Desde o início do século XX, as uvas eram plantadas aqui e vinificadas no centro de Aranda de Duero, em bodegas subterrâneas. A partir de 1975, já sob o comando da família Peñalba López, compram-se mais vinhedos e expande-se a produção, abrigada nas amplas e modernas instalações que você visitará.

Muito cômodo se hospedar, jantar no restaurante de culinária castellana, caminhar devagarinho pelos belos arredores depois de uma merecida noite de sono e fazer a visita antes do almoço.

Além de percorrer a zona de produção e vinhedos, você conhecerá a produção de cavas e a tonelaria, única entre as demais vinícolas de Ribera no guia. Cerca de 60% das barricas utilizadas são montadas e tostadas manualmente aqui, sendo três por dia.

Vale conferir:

- Peñalba López Cava Brut Nature. 90% Viura, 10% Chardonnay. 18 meses sobre suas borras. Sensações mais ácidas lembrando maçã verde e limão. Borbulhas finas.

- Los Cantos. Entre um Joven e um Crianza. Boa opção como vinho do dia a dia. Fruta madura e cremosidade. Levemente "especiado".

- Peñalba López Blanco. Elaborado com 4 uvas distintas, onde predomina a Albillo. 24 meses em contato com suas próprias borras nas barricas onde fermentou. Um dos melhores do guia!

VALDUERO
www.bodegasvaluero.com

FUNDAÇÃO *1984* **VINHEDOS PRÓPRIOS** *500 ha* **PRODUÇÃO ANUAL** *600 mil garrafas*

END. *BU-P 1102 Carretera de Aranda, s/n – Gumiel del Mercado*
DISTÂNCIA DO CENTRO DE ARANDA DE DUERO *13,8 km*
VISITAS *preencher formulário no site*
TEL. *(34) 947 545 459*
FUNCIONAMENTO *segunda à sexta, das 8 às 17:30h*

Visita exclusiva

Valduero é uma das mais reconhecidas, premiadas e emblemáticas casas de Ribera. Seus vinhos são fantásticos! As vides são plantadas em vaso (menos produtividade, mais qualidade), sendo 60% das uvas desprezadas: vinificam apenas os melhores frutos e só utilizam leveduras nativas.

A estrutura impressiona por sua engenhosidade, formada por um conjunto de túneis que garantem temperatura e umidade naturais durante todo o ano. O tamanho da bodega também impressiona, sendo capaz de produzir o dobro da quantidade oferecida todos os anos ao mercado.

A visita é feita sem pressa, com toda a deferência que os visitantes e os vinhos merecem. Não se misturam grupos e precisa ser reservada com antecedência. Durante o percurso, constata-se a qualidade e o esmero na elaboração de vinhos premium a preços justíssimos. A Tempranillo é a única variedade utilizada nos cinco rótulos. As diferenças passam pelo terroir, fermentação (algumas apenas em carvalho), variedade e uso das barricas, além do tempo em garrafa.

Morcilla, chorizo e queijo acompanham todas as degustações com vista dos vinhedos (também é possível almoçar na vinícola). Uma incrível exposição de arte moderna em homenagem ao vinho completa a experiência.

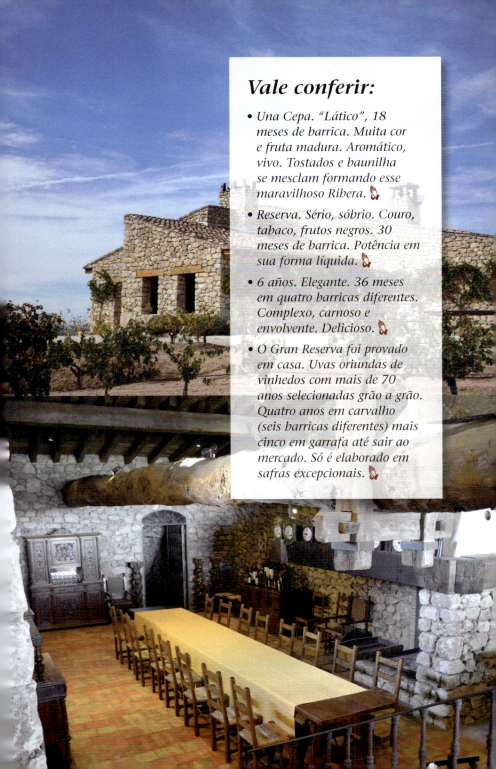

Vale conferir:

- *Una Cepa. "Lático", 18 meses de barrica. Muita cor e fruta madura. Aromático, vivo. Tostados e baunilha se mesclam formando esse maravilhoso Ribera.*

- *Reserva. Sério, sóbrio. Couro, tabaco, frutos negros. 30 meses de barrica. Potência em sua forma líquida.*

- *6 años. Elegante. 36 meses em quatro barricas diferentes. Complexo, carnoso e envolvente. Delicioso.*

- *O Gran Reserva foi provado em casa. Uvas oriundas de vinhedos com mais de 70 anos selecionadas grão a grão. Quatro anos em carvalho (seis barricas diferentes) mais cinco em garrafa até sair ao mercado. Só é elaborado em safras excepcionais.*

PEÑAFIEL

Peñafiel conta com menos de 6 mil habitantes e pertence à província de Valladolid. Sua principal atração é o castelo, com 210 metros de comprimento e 35 metros de largura. Existe desde o século X e atualmente abriga o museu do vinho. Visite-o quando estiver caminhando pela cidade.

Mas, falando a verdade, "pensou em Peñafiel pensou em vinho". As principais atrações são as vinícolas e os restaurantes. A cidade e seu castelo funcionam como ponto de referência durante as visitas ou para um farto almoço em um de seus asadores, como Mauro e Molino de Palacios.

Valladolid, capital da província, tem cerca de 300 mil habitantes e fica a apenas 40 minutos de Peñafiel. Oferece muitas opções culturais como o belíssimo Museo Nacional de Escultura e a catedral da cidade, além de vários tours que percorrem a pé vários monumentos importantes. A Plaza Mayor é bem conservada e muito bonita tanto de dia como à noite.

AALTO
ABADÍA RETUERTA
ARZUAGA NAVARRO
BRIEGO
CEPA 21
COMENGE
EMILIO MORO
LEGARIS
MATARROMERA
PAGO DE CARRAOVEJAS
PROTOS
TINTO PESQUERA
VERÓNICA SALGADO
VILLACRECES
VIÑA MAYOR

VINHO POR UM DIA

9 TINTOMANÍACOS I – SUPER TINTOS
A Aalto produz apenas dois vinhos, Aalto e Aalto PS. Na vizinha Abadía Retuerta, estrategicamente localizada fora da D.O. Ribera (pouco importa, o que manda é o terroir e a seriedade do produtor), a oportunidade é provar varietais de castas francesas criadas em solo espanhol, como Syrah, Cabernet Sauvignon e Petit Verdot. Outro diferencial é poder adquirir safras antigas e garrafas em grandes formatos.

SUGESTÃO DE ROTEIRO: visita na Aalto no primeiro horário. Depois é partir rumo à Abadía. Os vinhos não provados na vinícola poderão ser provados no almoço na Vinoteca do hotel. Missão cumprida! Descanse o resto da tarde. Você merece.

10 TINTOMANÍACOS II – OS ELEGANTES
A Finca Villacreces elabora o Pruno, talvez a melhor representação da cara moderna do vinho espanhol para o mundo. O Finca Villacreces é delicado e sedoso. Na Comenge, a elegância vem acompanhada de certa força, mas com frutas e

taninos redondos. Familia Comenge e Don Miguel Comenge serão suas compras.

SUGESTÃO DE ROTEIRO: Villacreces pela manhã. Almoço no restaurante Ambivium, na vinícola Pago de Carraovejas. Visita na Comenge à tarde.

11 TINTOMANÍACOS III – COMO MANDA A TRADIÇÃO

Beber e incorporar a alma de Ribera. Esta é a proposta deste roteiro encorpado, que foca nos Gran Reserva. Na Tinto Pesquera, o Millenium é produzido apenas em anos especiais. Suas uvas vêm de vinhas velhas e altas. Na Arzuaga Navarro, o Gran Reserva é como a serenidade de um velho amigo. Convide-o para almoçar, mas comece pelo Reserva Especial. Na Protos, o Gran Reserva é potente como todos os demais, só que mais redondo, mais fácil, e mais barato.

SUGESTÃO DE ROTEIRO: comece pela Tinto Pesquera. Visita e almoço na Arzuaga Navarro. Fim do dia na Protos.

12 TINTOMANÍACOS IV – SANGUE NOVO

Na Viña Mayor, prove El Secreto. Malabrigo e Cepa 21 na Bodega Cepa 21. Na Legaris, Páramos de Legaris e os Vinos de Pueblo são a recomendação.

SUGESTÃO DE ROTEIRO: Viña Mayor logo cedo. Almoço no maravilhoso e divertido restaurante da Bodega Cepa 21. Fim de tarde na Legaris.

13 WHITELOVERS

O Le Domaine da Abadía Retuerta é um Sauvignon Blanc fresco e untuoso. Na Emilio Moro, a sugestão é provar os dois rótulos produzidos com a variedade Godello. O Quinta Luna da Pago de Carraovejas é um blend de dois Verdejos, um de vinhas muito velhas e o outro ecológico.

SUGESTÃO DE ROTEIRO: visita na Emilio Moro e prova de vinho na Abadía Retuerta. Almoço ou tapas na Pago de Carraovejas.

14 RIBERA É ROSA

Na Protos o Rosado parece um delicioso xarope de morango, com

VINHO POR UM DIA

cor e aroma intensos. O Rosae da Arzuaga Navarro, também um Tempranillo 100%, é o oposto. A bela apresentação deste vinho denota sua suavidade e elegância. E a moderna Cepa 21 não poderia ficar da moda com seu Hito Rosado.

SUGESTÃO DE ROTEIRO: Cepa 21 pela manhã. Prova de vinhos na Protos em seguida. Tapas em companhia do Rosae no Taller Arzuaga.

15 ESBARRE COM O DONO
É muito raro encontrar o dono das vinícolas na Espanha. Mas na pequena Verónica Salgado, Dona Ascensión recebe a todos. Não é enóloga como Verónica, sua filha, "mas tem muitas safras nas costas". Na Briego algum dos três irmãos lhe receberá. A sugestão é provar a linha autoral: Oyada, Fiel e Infiel. A linha tradicional também é excelente, sobretudo o Gran Reserva.

SUGESTÃO DE ROTEIRO: comece o dia na Briego. Almoço em Peñafiel, no Asados Mauro. Visita na Verónica Salgado.

16 HISTÓRICO
A Abadía Retuerta foi construída em 1.146. Vale conhecer e ouvir sua história. A Tinto Pesquera ainda preserva o lagar onde tudo começou em 1972. Na Protos a visita começa na parte histórica,

mais próxima ao Castelo de Peñafiel, e termina na parte moderna, que pode ser vista de vários pontos da cidade.

SUGESTÃO DE ROTEIRO: Abadía Retuerta e Tinto Pesquera pela manhã. Almoço no Molino de Palacios. Visita ao Castelo de Peñafiel e na Protos.

17 ARQUITETURA

A Legaris foi construída em forma de cruz. Com jardins internos e terraço, a impressão é de se estar no vinhedo. A Protos tem um projeto arrojado do escritório Rogers Stirk Harbour em parceria com Alonso Balaguer. E a mais jovem, Cepa 21, é extremamente funcional. Sua sala de barricas não possui colunas.

SUGESTÃO DE ROTEIRO: Legaris pela manhã. Almoço no restaurante da vinícola Cepa 21. Visita na Protos no fim do dia.

18 NATUREZA

A Aalto reserva a mais bela paisagem deste capítulo. Que vista espetacular! Outra joia, escondida pelos pinheiros é a Finca Villacreces. Mas a visita à Abadía Retuerta feita em veículo 4 x 4 superou todas as expectativas.

SUGESTÃO DE ROTEIRO: para apreciar a paisagem, evite ao máximo a movimentada Carretera N-122. Saindo de Peñafiel em direção a Pesquera de Duero, siga até Olivares de Duero. Cruze o rio e tome a N-122 após Quintanilla de Onésimo no sentido Valladolid até chegar à vinícola da Abadía Retuerta. Após a visita, almoce no restaurante La Espadaña de San Bernardo. Na Aalto, prove os vinhos apreciando a vista. E não perca a visita da Villacreces.

19 COMPRAS

A Protos é a mais comercial de todas, onde você encontrará bons vinhos e bons preços. Destaque para o Verdejo Fermentado em barrica e a edição comemorativa Protos'27. A Arzuaga Navarro oferece uma linha completa, incluindo de outras D.O.s, como o Pago Florentino. E na Abadía Retuerta é possível comprar safras antigas e garrafas gigantes.

SUGESTÃO DE ROTEIRO: Protos pela manhã. Almoço na Arzuaga Navarro e degustação com compra na Abadía Retuerta de tarde.

ONDE COMER E FICAR

COMER

DENTRO DAS VINÍCOLAS

🍴🍴🍴 *Vinoteca (castellana, autor).* Vinícola Abadía Retuerta. Tel. (34) 983 680 368. Diariamente, das 12 às 22h.
São apenas 24 lugares, por isso reserve com antecedência. Ambiente intimista e serviço excepcional. Começamos com polvo, vinagrete de amêndoas, queijo defumado e cebolinha. Em seguida, magret de pato, guisado de damasco, passas, pinolis e erva-doce, acompanhados do arroz meloso de trigueros y setas. Memorável, eleito o melhor restaurante do guia, tendo se destacado pela comida e pelo serviço. Para jantar.

🍴🍴🍴 ***Cepa 21 (cozinha de autor).*** *Vinícola Cepa 21. Tel. (34) 983 484 084. Diariamente, das 13:30 às 16h.*
Deliciosa diversão. Ambiente clean, como a vinícola. Muitas surpresas ao longo do menu degustação, por isso não posso dizer muito, apenas que a sobremesa vem primeiro. Equipe profissional e atenciosa. Comida excelente. Almoçar com esta vista foi um privilégio. Espero que desfrute também.

🍴🍴🍴 ***Ambivium (cotemporânea).*** *Vinícola Pago de Carraovejas. Tel. (34) 983 881 938. Diariamente, das 13 às 15h.*
Para almoçar ou só tapear olhando para o Castelo e a paisagem lindíssima, é visita obrigatória para quem vai passar uns dias na região. Pães maravilhosos (raros na Espanha) abrem os trabalhos. O menu degustação é flexível. A sobremesa era desnecessária, pois os petits fours são maravilhosos e servidos em uma aduela de carvalho.

ONDE COMER E FICAR

🍴 *Luna Llena (tradicional, contemporânea).* Hotel AF Pesquera. Paseo Estación, 1- Peñafiel. Tel. (34) 983 881 212. Diariamente, das 13:30 às 16h e das 20:30 às 23h.
Fui muito bem atendido pelo Jorge. Nem olhei o cardápio. Perguntei o que era bom e logo ficamos amigos. Aceitei sua sugestão do Gran Reserva 2008 da bodega El Vínculo, da D.O. La Mancha, que também pertence ao grupo Pesquera. No ponto certo e no preço certo. O ambiente e a iluminação combinam com o jantar.

🍴 *La Espadaña de San Bernardo (tradicional).* Carretera San Bernardo, s/n – Valbuena de Duero Tel. (34) 983 683 160. Diariamente, das 13:30 às 16h.
Pertence às vinícolas Matarromera e Emina, o que garante uma carta de vinhos diversa e caseira. O lombo de bacalhau estava divino e a morcilla muito suave, perfumada e crocante. Bom custo-benefício. Também não dispensei a bomba de café ao final.

Arzuaga (espanhola). *Vinícola Arzuaga Navarro. Tel. (34) 983 681 146. Diariamente, das 13:30 às 16h e das 20:30 às 23h.*
Para almoçar "comendo a vista". Peça Jamón, pão e queijo. Uma taça de vinho. Depois outra...e outra. A essa altura o prato principal é opcional. Quem sabe uma entradinha quente, como o revuelto de boletus? E a vida vai passando. Compre o vinho que mais gostou.

Taller Arzuaga (cozinha de autor). *Vinícola Arzuaga Navarro. Tel. (34) 983 681 146. Segunda à quinta, das 13:30 às 15:30; sexta e sábado, das 13:30 às 15:30h e das 20:30 às 22:30h. Domingo, das 13:30 às 15:30. Fechado segunda.*
Ambiente moderno, pratos esteticamente apresentados e DNA mediterrâneo. Menu degustação: Reserva ou Gran Reserva. Ou, para ficar mais em conta e mais rápido, o Gastro Bar oferece unas tapas bien exquisitas y ricas.

ONDE
COMER E FICAR

Taberna La Perla (tapas). *Hotel AF Pesquera. Paseo Estación, 1-Peñafiel. Tel. (34) 983 881 212. Diariamente, das 13:30 às 16h e das 20:30 às 23h.*
Cansado ou sem muita fome? Quer dormir cedo? A Taberna é uma ótima pedida. "Dos tapas, una copa y cama."

FORA DAS VINÍCOLAS

Asados Mauro ♡ ***(asador, tradicional).*** *Calle Atarazanas, s/n - Peñafiel. Tel. (34) 983 873 014. Almoço: diariamente, das 13:30 às17h. Jantar: sexta e sábado, das 21 às 23h.*
O mais famoso da cidade. São dois restaurantes. Prefiro o Mauro I, onde tudo começou. O mais novo é muito grande e impessoal. Claro, o carro chefe da casa é o lechazo. Mas desta vez peça ternera (filé, chuleta ou bisteca).

Alabrasa Ⓡ ***(asador, tradicional).*** *Carretera N-122, km 309. Tel. (34) 983 080 123. Domingo, segunda, quarta, quinta e sexta, das 10 às 17h; sábado, das 10 à meia-noite.*
Apesar de ficar bem na estrada, fica de lado, em um prédio comercial. Passei direto duas vezes (muito fácil de errar). Foi o restaurante mais recomendado pelas vinícolas, pela qualidade e variedade da comida; e, sobretudo, pelo preço. Ambiente simples, serviço rápido e bem localizado para quem vai de uma vinícola à outra.

Molino de Palacios Ⓡ ***(asador, tradicional).*** *Av. de la Constituición, 16 – Peñafiel. Tel. (34) 983 880 505. Terça a domingo, das 13:30 às 16h.*
Concorrente Nº1 do Mauro, localizado na beira do rio Duratón. Lechazo, mollejas de cordero, carnes de caça e a melhor parte: sobremesas caseiras. Mas comece com as alcachofras e as morcillas. Boa carta de vinhos.

***Mesón El Corralillo* ®** *(asador, tradicional). Calle Corralillo, 9 – Peñafiel. Tel. (34) 983 880 733. Terça a domingo, das 13:45 às 16h; sexta e sábado, das 21 às 23h.*
Outro peso pesado da cozinha tradicional espanhola. Por fora não anima. Mas o restaurante fica no subsolo, na cava. Os vinhos são tratados com respeito. Não deixe de provar as morcillas.

FICAR

DENTRO DAS VINÍCOLAS

***Le Domaine* ♥.** *Carretera N-122, km 332,5 – Sardoncillo. Tel. (34) 983 680 368.*
Para quem quer exclusividade e está disposto a pagar por ela ao menos uma vez na vida. A proposta do hotel é oferecer o luxo sensorial, que emana dos aromas dos vinhedos e do entorno, do ar puro e do silêncio, considerado uma melodia delicada. Sabores puros e vinhos que emocionam. Trinta amplas acomodações.

***Hotel & Spa Arzuaga* ♥.** *Vinícola Arzuaga Navarro. Tel. (34) 983 687 004.*

ONDE
COMER E FICAR

Suítes modernas e espaçosas. Vinícola, wine bar e dois restaurantes. Cursos de degustação, culinária e spa completo. E para finalizar, o melhor café da manhã do guia, com serviço à la carte e vista dos vinhedos. Tostadas de jamón ibérico, queijo fresco e azeite, suco de laranja feito na hora e huevos revueltos no ponto certo.

AF Pesquera. *Calle Estación, 1 – Peñafiel. Tel. (34) 983 881 212.* Pertence à vinícola Tinto Pesquera. Moderno e confortável, dispõe de spa e dois restaurantes. Poderia estar situado um pouco mais afastado da estrada.

Hotel Rural Emina. *Calle de la Aceña,8 – Valbuena de Duero. Tel. (34) 983 683 315.*
Pertence à vinícola Matarromera. Excelente relação preço-qualidade. Limpo e agradável. Serviço cálido e café da manhã incluído.

FORA DAS VINÍCOLAS

Castilla Termal Monasterio de Valbuena ♥. *Calle Murallas, s/n – San Bernardo. Tel. (34) 983 600 816.*
Melhor custo-benefício premium de Ribera. Localização excelente, a meio caminho de qualquer vinícola. O monastério é belíssimo e o spa é completo, mas caro. Quartos muito espaçosos e café da manhã "6 estrelas". O restaurante é muito bom e recomendo jantar. Que tal uma última visita hoje? A vinícola Bamen Numen fica a 700 metros e sempre recebe os hóspedes no fim do dia sem custo. Os vinhos são excelentes

ONDE COMER E FICAR

e baratos. E em frente ao hotel há uma simpática delicatessen, a La Despensa del Monasterio. Vinhos, comidinhas e presentinhos. Vale a pena entrar.

LaVida Vino Spa ♥. *Plaza Mayor, 1 – Aldeyauso. A 5 km de Peñafiel sentido Fompedraza. Tel. (34) 983 851 559.*
Melhor custo-benefício da região. Apenas 17 suítes. Tudo clean, novinho. Ideal para relaxar no spa ou simplesmente tomar uma ducha e dormir até o jantar. O restaurante Guyot funde ingredientes e culturas de forma harmoniosa. Melhor opção para quem está hospedado.

Fuente Aceña Hotel Boutique ♥. *Camino del Molino, s/n – Quintanilla de Onésimo. Tel. (34) 983 680 910.*
Muita tranquilidade à beira do Duero. O hotel usa as instalações de um moinho de cereais do século XVIII, remodeladas para trazer calma e serenidade aos hóspedes. O restaurante vai lhe surpreender. Reserve, pois é procurado por quem não está hospedado.

Hotel Convento Las Claras. *Plaza Adolfo Muñoz Alonso, s/n – Peñafiel. Tel. (34) 983 878 168.*
É a opção mais óbvia da cidade. Instalado em um antigo convento dentro de Peñafiel. Muito conveniente para quem deseja explorar a cidade a pé. Quartos confortáveis e com vista para o cartão postal da cidade, o Castelo de Peñafiel.

Hotel Ribera del Duero. *Av. Escalona, 17 – Peñafiel. Tel. (34) 999 831 496.*
Para pagar menos e estar bem localizado. As instalações são amplas e simples.

AALTO
www.aalto.es

FUNDAÇÃO *1999* **VINHEDOS PRÓPRIOS** *42 ha* **PRODUÇÃO ANUAL** *260 mil garrafas*

END. *Paraje Vallejo de Carril, s/n – Quintanilla de Arriba. Vindo de Peñafiel, identifique a placa indicativa no km 320 da N-122 do outro lado da pista. Siga por mais 3 km na estradinha de terra.*
DISTÂNCIA DO CENTRO DE PEÑAFIEL *12,1km*
VISITAS *aalto@aalto.es ou preencher formulário no site*
TEL. *(34) 620 351 182 e (34) 983 036 949*
FUNCIONAMENTO *segunda à sexta, visitas às 9, 11 e 13:30h*

Château finlandês

Projeto autoral de Mariano García, Diretor Técnico da vinícola Vega Sicilia por 30 anos, que decide fundar seu moderno château batizando-o com o sobrenome do arquiteto finlandês. Apesar das muitas parcelas em várias zonas, vinificam apenas dois vinhos, como nos melhores châteaux franceses.

A filosofia enológica é valorizar o caráter de cada terroir, elaborando vinhos puros, não filtrados, com muito cuidado e no tempo de cada safra, produzindo potência e estrutura para obter elegância e complexidade. Para atingir este nível, somente a partir das melhores uvas, provenientes de vinhedos antigos, expostos à neve e ao calor intenso.

A vinícola deve estar à altura das uvas. Maceração pré-fermentativa para toda a colheita, leveduras nativas e muito cuidado na seleção: "Só deixe passar os cachos que te dão vontade de comer". O desengace é feito sem golpear as uvas e a fermentação realizada em tanques troncocônicos portugueses e em barricas de carvalho francês. O tour é franco e direto: a ideia é mostrar que grandes vinhos são elaborados a partir de muitos segredos, desvendados ao longo dos cinco andares da vinícola. A sala de degustação é maravilhosa e os vinhos abertos na hora.

Vale conferir:

- *Aalto. 16 meses de carvalho americano e francês, novos e usados. Cor intensa e coração de fruta. Sedoso, carnoso, elegante. Pode ser aberto a partir de agora até os próximos 10 anos.*

- *Aalto PS Pagos Seleccionados. Vinhedos velhos localizados em La Horra e La Aguilera. 100% carvalho francês novo por 19 meses. Frutas do bosque como mirtilo e amoras compotadas. Em boca é puro Tempranillo: alcaçuz e frutas novamente, com traços balsâmicos e café. Longo, persistente, maravilhoso.*

ABADÍA RETUERTA

www.abadia-retuerta.com

FUNDAÇÃO *1990* **VINHEDOS PRÓPRIOS** *200 ha* **PRODUÇÃO ANUAL** *500 mil garrafas*

END. *Carretera N-122, km 332,5, Sardón de Duero*
DISTÂNCIA DE PEÑAFIEL *25 km*
VISITAS *visitas@abadia-retuerta.es*
TEL: *(34) 983 681 103*
FUNCIONAMENTO *segunda à sexta, visitas às 10:30, 12:30 e 16h; sábado, às 9:30, 11:30, 13:30 e 16h. Domingo, às 9:30, 11:30 e 13:30h*

Barricas voadoras e "vinhos livres"

Imagine um ecossistema criado e preservado, composto por campos de aspargos, tomilho e cogumelos. Acrescente vinhedos, lagoas, bosques nativos e de reflorestamento, povoados por lobos, javalis, pequenos roedores e 120 espécies de aves e um apiário próprio para garantir a polinização de tudo isso. De bicicleta, a cavalo ou num 4x4, prepare o fôlego e a íris para vistas belíssimas e uma viagem no tempo quando se atravessa os portões da Abadía Retuerta, construída em 1.146, que abriga uma igreja e o melhor hotel da Espanha, segundo a Condé Nast Traveler.

Já a vinícola, de 1990, é moderna e arrojada. Preocupada com o aquecimento global, faz experimentos com muitas variedades que podem se mostrar melhores opções que a Tempranillo daqui a 15 anos, por exemplo. Situada fora da D.O. Ribera del Duero, está livre das amarras do Conselho Regulador. Assim, Cabernet Sauvignon, Syrah, Merlot, Petit Verdot (e o que mais vier) são cultivadas livremente.

Os 54 pagos dão origem a vinhos exclusivos e com potencial de guarda acima dos vinte anos. A vinificação é por gravidade do início até a garrafa, graças à tecnologia única no mundo que permite a retirada do vinho das barricas (voadoras) sem usar bombas. Visita imperdível!

Vale conferir:

- *Comece pelo branco "errado". A vinícola encomendou mil plantas de Merlot. Na primeira colheita, a surpresa: Sauvignon Blanc! Em parceria com Verdejo, Gewürztraminer, Riesling e Godello, o branco barricado Le Domaine é untuoso, floral e aromático.*

- *Selección Especial. É o emblema da casa. A safra 2015 vem com Tempranillo, Cabernet Sauvignon, Syrah e Merlot. Excelente relação preço-qualidade, só que premium.*

- *Pago Valdebellón. Um 100% Cabernet Sauvignon de cepas de mais de 25 anos. Potência, acidez e tanicidade equilibrados.*

- *Pago Negralada. Meu preferido de Ribera. Um super Tempranillo. Intenso e persistente. Notas minerais, cacau, cereja e morango. Taninos presentes e maduros. Memorável.*

ARZUAGA NAVARRO

www.arzuaganavarro.com

FUNDAÇÃO 1990   **VINHEDOS PRÓPRIOS** 154ha   **PRODUÇÃO ANUAL** 1,5 milhões de garrafas

END. Carretera N-122, km 325 – Quintanilla de Onésimo
DISTÂNCIA DO CENTRO DE PEÑAFIEL 18 km
VISITAS preencher formulário no site
TEL. (34) 983 681 146
FUNCIONAMENTO segunda à sexta, visita às 12:30h; sábado e domingo, visita às 12h

No coração da Ribera

Limpeza, controle de temperatura, paciência e muito carinho. Assim são elaborados os vinhos da casa. Só processam uvas de vinhedos próprios A seleção das uvas é ótica e utilizam O.V.I.s para "incomodar" menos o vinho no entra e sai dos tanques. Cada parcela é vinificada separadamente. Ao final, é feito o coupage para garantir a harmonização e seguir o perfil tradicional dos Arzuagas.

Vale a pena passar 24 horas nas dependências da vinícola. Faça a visita e almoce no restaurante para provar mais rótulos. A comida é tradicional espanhola, sem grandes requintes. Outra opção é o Gastro Bar com suas tapas gourmet. À tarde, já hospedado, descanse e curta o spa. O jantar será no restaurante Taller Arzuaga – cozinha de autor – que dispõe de safras antigas em sua carta. O café da manhã é servido à la carte no restaurante do almoço. Tudo muito saboroso e com uma vista que diminui o ritmo do coração e dá aquela sensação de que viver vale a pena.

Vale conferir:

- *Crianza.* Mais caro e potente que a média dos que você provará em outras bodegas. É um pouco duro para tomar desacompanhado e antes do tempo, mas caiu bem com as croquetas de jamón e a tortilla. Hay que esperar un par de años más.

- *Reserva.* Elegante. Bastante fruta vermelha madura. Domina toda a boca.

- *Reserva Especial.* Uvas de vinhedos centenários. Produção limitada e a depender da safra. Notas tostadas e ameixa. Estruturado. Melhor estará em três anos.

BRIEGO
www.bodegasbriego.com

FUNDAÇÃO *1992* **VINHEDOS PRÓPRIOS** *90 ha* **PRODUÇÃO ANUAL** *500 mil garrafas*

END. *Calle del Rosario, 32 - Fompedraza*
DISTÂNCIA DO CENTRO DE PEÑAFIEL *9,5 km*
VISITAS *info@bodegasbriego.com*
TEL. *(34) 983 892 156*
FUNCIONAMENTO *segunda à sexta, horário a combinar*

"Elegancia por encima de la potencia"

Estamos em Fompedraza, vila com pouco mais de 100 habitantes, na parte mais alta de Ribera, a 900 metros. Tal altitude propicia maior amplitude térmica, garantindo o perfeito equilíbrio entre taninos, cor e álcool. "As cepas ásperas que sofrem todos os anos com sol e neve, se transformam em seda na vinícola", explica Fernando.

Com muito trabalho, os irmãos Benito, Fernando e Javier começaram a produzir com apenas três hectares. Desde então a ideia sempre foi elaborar vinhos envolventes, onde "la elegancia esta por encima de la potencia", onde a madeira nunca sobressai à fruta.

A visita é para quem gosta de vinho, personalizada e sempre conduzida por um dos irmãos. "Não entendemos de comunicação ou marketing", explica Fernando. "Mostramos nossa essência."

Os vinhos são a atração. As uvas são provenientes de vinhedos a cerca de 3 km da bodega em várias direções e altitudes, fazendo com que cada rótulo - todos 100% Tempranillo – tenham personalidade própria.

"A natureza é a verdadeira alquimista. O enólogo apenas joga com a técnica, e sobretudo com a imaginação, tentando prever que vinho desabrochará de cada garrafa depois de anos à frente", filosofa o enólogo.

Vale conferir:

- Vendimia Seleccionada. 8 meses e muita fruta. Baratíssimo!!

- Fiel. Moderno. Mineral, fruta em compota, chocolate. 20 meses em carvalho. Um vinhaço. Pode confiar.

- Infiel. Você conhece algum tinto com bâtonnage? Muita cor, "doce". Taninos maduros. Surpreendente. Inovador. Sem regras.

- Oyada. Proveniente do vinhedo homônimo localizado a 910 metros, nos solos áridos de Fompedraza. Muito concentrado e expressivo.

- Gran Reserva. Personalidade. Muita fruta e muita madeira em perfeita simbiose. Geleias, tostados, lácteos.

CEPA 21

www.cepa21.com

FUNDAÇÃO *2007* **VINHEDOS PRÓPRIOS** *100 ha* **PRODUÇÃO ANUAL** *500 mil garrafas*

END. *Carretera N-122, km 297 – Castrillo de Duero*
DISTÂNCIA DO CENTRO DE PEÑAFIEL *11,5 km*
VISITAS *visitas@cepa21.com*
TEL. *(34) 983 484 083*
FUNCIONAMENTO *terça a domingo, às 13h*

Espírito transgressor

Os irmãos Moro decidem criar, aos fins do século XX, uma vinícola para acompanhar as novas tendências e agradar ao consumidor do século 21, a partir de todo o conhecimento adquirido elaborando vinhos de alta qualidade na vinícola da família.

A condução do vinhedo é por espaldeiro, o que melhora a exposição solar e facilita o uso de tratores, a aplicação de fitossanitários, a poda e a colheita.

A vinícola possui arquitetura vanguardista. As linhas retas, contrapondo com as ondulações e curvas da Ribera, chamam atenção de quem passa pela rodovia.

Os vinhos seguem uma receita simples: uva madura e carvalho francês. Trangressores, os enólogos "não dão bola" às normas do Conselho Regulador. Cedem apenas aos caprichos das uvas em sua forma líquida, que por fim decidem quando deixar as barricas e entrar nas garrafas para mais uma etapa de descanso.

Não deixe de reservar sua visita com almoço incluído. Imperdível!

Vale conferir:

- Hito Rosado. Aromático, muito pêssego. Perfeito para acompanhar um peixe num dia de calor.
- Hito. Oito meses em carvalho francês. Fruta mais madura.
- Cepa 21. Bom volume de boca.
- Malabrigo. Um "Vino de pago". 18 meses em barricas novas de carvalho francês. Vinhaço. Potente e elegante.

COMENGE

www.comenge.com

FUNDAÇÃO *1999* **VINHEDOS PRÓPRIOS** *34 ha* **PRODUÇÃO ANUAL** *250 mil garrafas*

END. *Carretera del Castillo, s/n – Curiel de Duero*
DISTÂNCIA DO CENTRO DE PEÑAFIEL *5,3 km*
VISITAS *visitas@comenge.com*
TEL. *(34) 983 880 363*
FUNCIONAMENTO *segunda a sábado, das 9 às 14h*

A Paisagem também se bebe

O farmacêutico Miguel Comenge passou a vida estudando as vides e os vinhos espanhóis. Após seu falecimento, seu filho Jaime, totalmente alheio ao mundo do vinho, decide homenagear o pai. Estudou enologia e monta sua própria vinícola boutique em meio a uma paisagem lindíssima.

Os hectares comprados estavam plantados com legumes. Os vinhedos já são maiores de 25 anos e ecológicos. A filosofia é produzir pouco por hectare (3,5 toneladas, metade do permitido). Apesar disso, estressam as vides povoando densamente o vinhedo para estimular a competição. O resultado são uvas pequenas, com muita expressão tânica e ricas em matéria colorante.

As leveduras são nativas, desenvolvidas a partir de um longo estudo em parceria com a Universidade Politécnica de Madrid, que pesquisou 300 leveduras presentes na vinícola e elegeu apenas três para reproduzir.

A visita é simples e direta, como visitar um amigo. Degustar os vinhos no segundo andar contemplando a paisagem não tem preço.

Vale conferir:

- *Familia Comenge Reserva. Delicioso. No nariz, frutas e especiarias. Muito aromático. Taninos bem colocados. Equilíbrio perfeito entre corpo, fruta e acidez. Até 30 meses em barricas francesas. Já estava pronto para beber com apenas quatro anos de idade. Mas pode ser guardado tranquilamente por mais cinco ou dez anos.*

- *Don Miguel Comenge Reserva. Elaborado com as uvas dos vinhedos mais altos. Leva 10% de Cabernet Sauvignon. Muita fruta madura, café e caramelo. Cor intensa. Amplo e persistente.*

EMILIO MORO
www.emiliomoro.com

FUNDAÇÃO 1987 **VINHEDOS PRÓPRIOS** 200 ha **PRODUÇÃO ANUAL** 1,5 milhões de garrafas

END. Carretera Peñafiel-Valoria, s/n – Pesquera de Duero
DISTÂNCIA DO CENTRO DE PEÑAFIEL 6,6 km
VISITAS bodega@emiliomoro.com ou preencher formulário no site
TEL. (34) 983 878 400
FUNCIONAMENTO segunda à sexta, visitas às 11, 13 e 16h; sábado, às 11, 13 e 17h. Domingo, às 11 e 13h

Tradição, inovação e responsabilidade social

Uma das mais emblemáticas vinícolas de Ribera. Familiar e tradicional, aqui antiguidade é posto. Quanto mais velhos os vinhedos (alguns ultrapassam um século), mais especiais, exclusivos e caros os vinhos. Detalhe: a família tem seu próprio clone de Tempranillo.

A colheita é manual e as parcelas são vinificadas em tanques exclusivos e de acordo com a produção de cada parcela. Desde 1998, a vinícola não segue a classificação do Conselho Regulador por entender que o vinho deve dar a última palavra, e não os burocratas.

A visita é bem técnica, cobrindo todos os detalhes, com explicações referentes ao terroir (clima, solo), ciclo vegetativo e os efeitos do carvalho no vinho. Na adega, segue-se o caminho da uva até o vinho estar pronto descansando no botellero. A degustação também é bem conduzida. Enfim, uma boa visita!

Vale conferir:

- *Finca Resalso.* Fruta vermelha madura, terra e flores. Taninos maduros. Vinho muito agradável na boca e no bolso.
- *Emilio Moro.* Cor profunda com tons violáceos. Um ano em barricas americanas e francesas.
- *Malleolus,* traduzido do latim *majuelo,* significa vinhedo para os moradores da cidade. Vinhedos de até 70 anos. Estágio de 18 meses em barricas francesas novas de 500 litros.
- Em 2008 foi criada a Fundação Emilio Moro, focada em projetos de proteção e conservação da água. Você pode apadrinhar uma videira para ajudar a Fundação. Ganha a visita, o almoço e uma garrafa de Finca Resalso. Além de ajudar o planeta.

LEGARIS
www.legaris.com

FUNDAÇÃO *1998* **VINHEDOS PRÓPRIOS** *93 ha* **PRODUÇÃO ANUAL** *1,5 milhões de garrafas*

END. *Carretera Peñafiel – Encinas de Esgueva, km 2,5 – Bocos de Duero*
DISTÂNCIA DO CENTRO DE PEÑAFIEL *5 km*
VISITAS *visitas@legaris.com*
TEL. *(34) 983 878 088 e 610 486 644*
FUNCIONAMENTO *diariamente. Combinar com a vinícola*

O equilíbrio perfeito

Legaris vem do latim e significa "o fruto colhido no tempo certo", isto é, em equilíbrio. Para isso, muita calma e paciência. Essa é a filosofia desta bodega, a oitava do Grupo Codorníu. Sua logomarca é uma referência à Aristóteles, que acreditava não haver figura no universo que melhor representasse equilíbrio do que um quadrado com um ponto em seu centro.

A proposta enológica é elaborar mais rótulos, mas sempre reinterpretando Ribera, através de cortes modernos com foco na fruta. Outra aposta é expressar o terreno em busca de diferentes Tempranillos, mais ou menos como é feito na Argentina com a Malbec. As fermentações arrancam naturalmente e os vinhos são bazuqueados, e não remontados como na maioria das vinícolas. Agricultura de precisão e sistema anti-geada garantem a melhor fruta possível no curto ciclo vegetativo da região.

O edifício é introvertido, isto é, mais bonito por dentro do que por fora. Muito iluminado, é completamente integrado ao vinhedo, por onde a visita começa. O terraço, no segundo andar, é parada obrigatória nos fins de tarde de verão. Escolha o tour premium que vale mais a pena pelos vinhos e pelas tapas servidas.

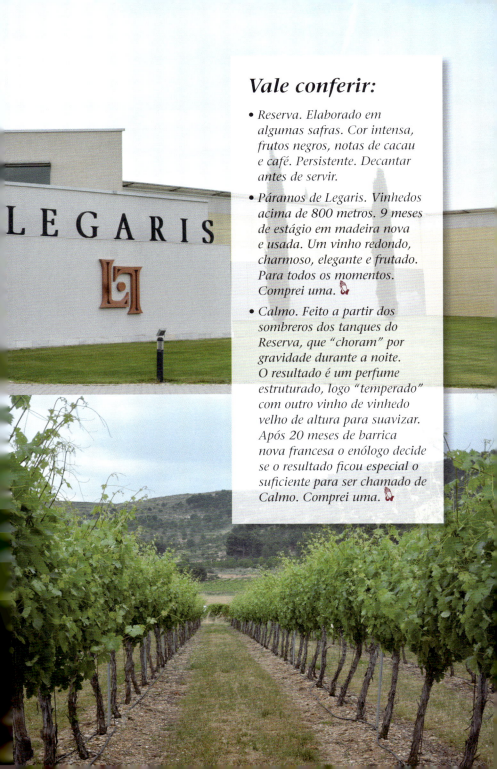

Vale conferir:

- *Reserva.* Elaborado em algumas safras. Cor intensa, frutos negros, notas de cacau e café. Persistente. Decantar antes de servir.

- *Páramos de Legaris.* Vinhedos acima de 800 metros. 9 meses de estágio em madeira nova e usada. Um vinho redondo, charmoso, elegante e frutado. Para todos os momentos. Comprei uma.

- *Calmo.* Feito a partir dos sombreros dos tanques do Reserva, que "choram" por gravidade durante a noite. O resultado é um perfume estruturado, logo "temperado" com outro vinho de vinhedo velho de altura para suavizar. Após 20 meses de barrica nova francesa o enólogo decide se o resultado ficou especial o suficiente para ser chamado de Calmo. Comprei uma.

MATARROMERA

www.bodegamatarromera.es

FUNDAÇÃO *1988*   **VINHEDOS PRÓPRIOS** *100 ha*   **PRODUÇÃO ANUAL** *750 mil garrafas*

END. *Carretera de Renedo - Pesquera, km 30 - Valbuena de Duero*
DISTÂNCIA DO CENTRO DE PEÑAFIEL *21,2 km*
VISITAS *enoturismo@matarromera.es*
TEL. *(34) 983 683 315 e 673 310 521*
FUNCIONAMENTO *segunda a sábado, das 10 às 19h; domingo, das 10 às 15h*

Tradição e Inovação

Carlos Moro é um dos nomes mais importantes do vinho espanhol, com bodegas em várias Denominações de Origem. Filho de um agricultor que vendia suas uvas às melhores bodegas de Ribera, decidiu aproveitar esta matéria-prima de alta qualidade até o fim, elaborando seus próprios vinhos.

O objetivo principal é obter o melhor vinho tendo a terra como inspiração da forma mais sustentável possível. Por isso, nesta vinícola do grupo, só se elaboram vinhos premium. Cada um dos 19 vinhedos é vinificado em separado (alguns dão origem a vinhos de vinhedos únicos ou de pago). Seleção esmerada e maceração pré-fermentativa para todas as uvas: não é mimo, é norma da casa.

A visita começa com as explicações referentes a D.O. Ribera del Duero e sobre o terroir onde os vinhedos estão inseridos. Aproveite para perguntar bastante já que, em geral, as visitas são em pequenos grupos ou até mesmo individuais.

O restaurante La Espadaña de San Bernardo faz parte do grupo e está a apenas 5 km. O Hotel Rural Emina, pertencente à família, fica ainda mais perto e é uma boa opção para quem quer pagar pouco.

Vale conferir:

- *Verdejo. Excelente. Fermentado em barrica. Muito abacaxi, cítricos e toques de tomilho. Encorpado e persistente.*

- *Crianza. O emblema da casa. Cor cereja intenso. Cacau, fumo e tostados. Estágio em barricas americanas e francesas. Para beber em até cinco anos.*

- *Reserva. Frutas negras, taninos doces, sedosos. Notas balsâmicas e especiarias como pimenta e alcaçuz. Guarda de dez anos.*

PAGO DE CARRAOVEJAS
www.pagodecarraovejas.com

FUNDAÇÃO *1987* **VINHEDOS PRÓPRIOS** *160 ha* **PRODUÇÃO ANUAL** *800 mil garrafas*

END. *Camino de Carraovejas, s/n - Peñafiel*
DISTÂNCIA DO CENTRO DE PEÑAFIEL *4,3km*
VISITAS *enoturismo@pagodecarraovejas.com*
TEL. *(34) 983 878 020*
FUNCIONAMENTO *diariamente, a partir das 10h*

Uma incrível jornada enogastronômica

José María Ruiz, dono de restaurante em Segovia, queria os melhores vinhos para acompanhar seus pratos. De tão exigente, preferiu fazer ele mesmo os seus. E, por que não, levar o restaurante para dentro da vinícola?

A visita padrão dura de quatro a cinco horas, incluindo o almoço. Durante o percurso, você participa de um menu degustação itinerante e harmonizado. Imagine você, na sala de barricas recebendo as explicações do processo e, de repente, chegam taças e mais uma etapa do menu?

O cuidado na elaboração é extremo. Baixo rendimento, viticultura de precisão (usam drones), análises de rolhas e garrafas no laboratório. Barricas, só as de grãos extrafinos, selecionadas uma a uma. Uso de O.V.I.s evitando o bombeamento. A personalidade fica por conta das leveduras autóctones e da clara (de ovo) para finalizar o vinho.

Foi a visita mais longa que já fiz. Porém, uma das mais interessantes e diferentes, que começa com a apresentação do grupo, que passará horas juntos. Caso não disponha de todo esse tempo, combine algo diferente no momento da reserva.

Vale conferir:

- *Quinta Luna.* Dois Verdejos em um, pois 60% são provenientes de vinhedos pré-filoxéricos e 40% de vinhedo jovem ecológico. Abacaxi maduro e outros cítricos. Caiu muito bem.

- *Autor.* Vinho elaborado com exclusividade para o restaurante de José María em Segovia. Só prova quem visita (não há na loja).

- *Pago de Carraovejas.* Emblema da casa. Encorpado e correto. Tudo no lugar: taninos, cor, acidez.

- *Anejón.* Vinho de Pago. Floral, fruta discreta, mineral.

PROTOS

www.bodegasprotos.com

FUNDAÇÃO *1927* **VINHEDOS PRÓPRIOS** *790 ha* **PRODUÇÃO ANUAL** *6 milhões de garrafas*

END. *Calle Bodegas Protos, 24-28 - Peñafiel*
DISTÂNCIA DO CENTRO DE PEÑAFIEL *1,3 km*
VISITAS *enoturismo@bodegasprotos.com*
TEL. *(34) 659 843 463*
FUNCIONAMENTO *visitas de terça à sexta, às 10, 11, 13, 16:30 e 18h; sábado e domingo, às 10, 11, 12, 13, 16:30, 17:30 e 18:30h. Loja: de segunda à quinta, das 9 às 14h e das 16 às 19h; sábado, das 10:30 às 14:30h e das 17 às 20h. Domingo, das 10:30 às 14:30h*

La Primera en la Ribera

Primeira bodega da região, fruto do esforço de muitos agricultores que logo formaram uma cooperativa, sendo a primeira a vender vinho engarrafado (e não mais a granel).

Apesar de ser a vinícola que mais recebe visitantes em Ribera – a arquitetura chama a atenção - a visita é caprichada, cheia de explicações e histórias, mas também muito agradável. A guia "Primi" manteve todo o grupo participando e interagindo entre si. Explica-se a diferença entre os vinhos clássicos (predominância do carvalho americano) e de autor (predominância do carvalho francês), além das normas do Conselho Regulador.

A utilização prolongada de carvalho e o longo estágio em garrafa ou tanques são a marca registrada dos vinhos espanhóis. A Protos tem cerca de 15 mil barricas utilizadas durante quatro anos cada. Para diminuir o risco de contaminação e, ao mesmo tempo, reduzir o uso de sulfitos, os vinhos são trasfegados a cada quatro meses e as barricas, esterilizadas.

O tour é todo subterrâneo (no verão, prepare-se para 12 graus de temperatura), começando pela bodega antiga e percorrendo túneis e caves até chegar à bodega moderna.

Vale conferir:

- *Verdejo.* Entrega acima do esperado pelo preço que se paga. Uma leve maturação e os três meses descansando sobre suas borras adicionaram suavidade em boca e aromas de ervas, contrastando com a tipicidade da Verdejo, que abusa de maçã verde e marmelo.

- *Protos'27.* Malolática na mesma barrica do estágio. Intenso na cor. Equilibrado, elegante apesar dos taninos contundentes. Complexo, cheio de nuances. A cada gole uma surpresa. Comprei uma Magnum.

- *Ao final da degustação, a taça será sua.*

TINTO PESQUERA

www.grupopesquera.com ou www.familiafernandezrivera.com

FUNDAÇÃO *1972* **VINHEDOS PRÓPRIOS** *200 ha* **PRODUÇÃO ANUAL** *1,3 milhões de garrafas*

END. *Calle Real, 2 – Pesquera de Duero*
DISTÂNCIA DO CENTRO DE PEÑAFIEL *6,6 km*
VISITAS *visitas@grupopesqueraafernandez.com*
TEL. *(34) 983 870 037*
FUNCIONAMENTO *segunda à sexta, das 9 às 14h e das 15 às 18:30h; sábado, favor consultar*

A origem de tudo

Há 50 anos Alejandro Fernández projetava e vendia máquinas para colher legumes e comprava vinhedos com os lucros da empresa. Foi praticamente o fundador da Denominação de Origem Ribera del Duero. Seu vinho Janus 1985 foi chamado de "o Petrus da Espanha" por Robert Parker.

A visita começa no começo, isto é, no lagar onde Alejandro elaborou seus primeiros vinhos de forma artesanal por dez anos até a bodega atual ficar pronta. Aqui a tradição manda: os vinhos seguem as regras do Conselho Regulador e o carvalho americano predomina. Os caldos são potentes e não filtrados, feitos a partir das "uvas sofridas de Ribera", como escutei. Além de solos pobres, ou faz muito calor ou muito frio. As vides, estressadas, terminam por produzir pouco. As uvas, entretanto, são de extrema qualidade.

Familiar, esta e outras três vinícolas são comandadas pelas netas de Alejandro. A visita é gratuita e provam-se dois vinhos.

Vale conferir:

- *Crianza*. Encorpado e "especiado". São 18 meses em barrica (seis a mais que o recomendado) e outros 18 em vidro. Convém decantar por meia hora.

- *Reserva*. Mais elegante que o Crianza, final longo.

- *Millenium*. Único envelhecido no carvalho francês. Produzido de tempos em tempos. No nariz, frutos negros, alcaçuz e chocolate.

- *El Vínculo Gran Reserva*. Provei no restaurante do hotel. Muito bom e preço camarada. Indicação do garçom Jorge. Comprei uma para conhecer minha família. Vem da D.O. La Mancha.

VERÓNICA SALGADO

www.veronicasalgado.es

FUNDAÇÃO *2000* **VINHEDOS PRÓPRIOS** *5 ha* **PRODUÇÃO ANUAL** *40 mil garrafas*

END. Carretera de Valbuena, 34 - Pesquera de Duero
DISTÂNCIA DO CENTRO DE PEÑAFIEL 8,2 km
VISITAS info@veronicasalgado.es
TEL. (34) 630 447 926
FUNCIONAMENTO segunda a sábado, visita às 12, 13, 17 e 18h; domingo, às 10 e 14h

"A Ribera é diferente"

Mas que uma visita, um depoimento. Dona Ascensión conta a saga da família e de como venceram as dificuldades para chegar até aqui. "Crescemos sem dívidas para podermos vender os vinhos sem pressa, quando cremos que estão prontos". Começaram pequenos, vendendo vinho para os que passavam na porta da pequena vinícola (é a menor do guia). "As pessoas gostavam porque nosso vinho é autóctone, isto é, representa a zona. Nossa colheita é manual e nossos preços são justos. Não usamos leveduras industriais ou defensivos agrícolas. O inverno limpa todo o vinhedo de fungos e outros males indesejados", conta.

"A Ribera é diferente: o clima, o solo, o inverno. A Tempranillo amadurece melhor aqui. Para nós, inclusive, é Tinta Fina. Não costumamos chamar de Tempranillo. Em Rioja os vinhos são mais ácidos", sacramenta a proprietária, que tentou me convencer a não reunir as duas regiões em um só guia (rs).

Rapidamente as instalações são visitadas e os vinhos são degustados. Visita e degustação gratuitos e sempre acompanhados por Verónica, enóloga e que dá nome à vinícola, ou por Dona Ascensión.

Vale conferir:

- *Joven Roble. Suave, fácil de beber.*
- *Crianza. Um típico Crianza de Ribera. Fruta intensa, taninos bem colocados.*
- *Vinho de autor. Vinhedo de 70 anos. Potente. Fruta negra madura e toques balsâmicos.*

VILLACRECES
www.villacreces.com

FUNDAÇÃO *2003* **VINHEDOS PRÓPRIOS** *154 ha* **PRODUÇÃO ANUAL** *750 mil garrafas*

END. *Carretera N-122, km 322 – Quintanilla de Onésimo*
DISTÂNCIA DO CENTRO DE PEÑAFIEL *14,3 km*
VISITAS *visitas@villacreces.com*
TEL. *(34) 983 680 437*
FUNCIONAMENTO *segunda à sexta, 12 e 16h; sábado e domingo, 11 e 13:30h*

A joia escondida

Uma fazenda do século XIV, que pertenceu à igreja até 1835, escondida por pinheiros seculares, banhada pelo Duero e situada bem no coração de "la milla de oro". A filosofia é a integração total com o meio. O vinhedo, ecológico, é considerado um ser vivo, como os insetos, javalis e os demais habitantes da finca. Lembrei do Chile na visita: arquitetura colonial, barricas francesas, vinhos modernos e a presença da Cabernet Sauvignon fizeram a memória viajar instantaneamente milhares de quilômetros até os Andes.

Os vinhos são todos "de autor", isto é, só prestam contas às uvas e ao terroir, e não às autoridades reguladoras. As leveduras, da própria finca, carimbam o terreno em cada garrafa. E os solos, ricos em potássio, garantem uvas de baixa acidez, dando vida a vinhos saborosos e fáceis de beber. A complexidade é obtida através de baixos rendimentos por hectare, vinificação por parcela e o uso simultâneo, em alguns casos, de aço, concreto e madeira durante a elaboração.

A experiência Artevino o levará, através de vinhos e queijos, às Denominações Ribera, Rioja, Rueda e Toro. #Fica a dica.

Vale conferir:

- Pruno. Melhor relação custo-benefício da Espanha segundo Robert Parker. 90% Tempranillo e 10% Cabernet Sauvignon. Moderno e frutado.

- Finca Villacreces. Complexo, com frutas negras e café harmoniosamente combinados. Taninos presentes e sedosos.

- Dia Pruno. Um dia cheio de atividades: música, food trucks, degustação de vinho, azeite, queijos e jamón. Os vinhos são vendidos com 20% de desconto e os ingressos (limitados) podem ser adquiridos no site. Sempre no último sábado de junho. Tem que ir!

PEÑAFIEL

VIÑA MAYOR
www.vina-mayor.es

FUNDAÇÃO *1986* VINHEDOS PRÓPRIOS *460 ha* PRODUÇÃO ANUAL *5,3 milhões de garrafas*

END. *Carretera N-122 Valladolid – Soria, km 325,6 (em frente ao Hotel Arzuaga) – Quintanilla de Onésimo*
DISTÂNCIA DO CENTRO DE PEÑAFIEL *18 km*
VISITAS *preencher o formulário no site*
TEL. *(34) 983 680 461*
FUNCIONAMENTO *segunda à sexta, das 10 às 16h*

En la "milla de oro"

Pertencente ao Grupo Bodegas Palacio - presente nas Denominações Rueda, Toro e Rioja – a Viña Mayor está localizada no coração da Ribera, em uma zona conhecida como "la milla de oro", onde prestigiosas vinícolas estão instaladas, como Vega Sicilia, Aalto e Abadía Retuerta. São, na verdade, 16 milhas, que ligam Peñafiel a Sardón de Duero. E ouro (oro) porque suas uvas valem ouro em função das características deste terroir: 3 mil horas de sol, 800 metros de altitude e apenas 400 milímetros de chuva, obrigando as raízes a mergulharem terra adentro em busca de nutrientes e água. Com uma das maiores amplitudes térmicas do mundo, a uva se recupera plenamente durante a noite para mais uma jornada no calor de 35 graus do verão espanhol. Este processo facilita a maturação fenólica, que resulta em vinhos mais equilibrados, longevos, com taninos redondos e acidez na medida certa.

A visita começa no vinhedo ecológico, que combina uva, cevada e leguminosas para preservar o solo e criar um ecossistema único, terminando na enorme sala de barricas, onde a degustação é embalada por world music e luzes.

Vale conferir:

- *Tempranillo, Malbec, Merlot e Cabernet Sauvignon estão à disposição da Enóloga e Master of Wine Almudena Alberca para elaborar vinhos que carregam a essência de Ribera: força e fruta!*

- *O Gran Reserva é um vinhaço. Fermentação longa de 30 dias para extrair taninos e antocianos. Apesar de seus cinco anos de elaboração, apresenta cor intensa, indicando elevado potencial de guarda. O vinho enche a boca e invade a alma, com frutas vermelhas, negras e toques de tabaco e couro.*

LA RIOJA

Rioja tem "o melhor de tudo", para o vinho e para o turista: clima perfeito, paisagens de cartão postal, duas línguas, história, cultura, gastronomia, beleza e paz. Tudo isso cabe em 125 km de comprimento – de Haro até Alfaro – e 48 km de largura, "esprimidos" entre as Sierras Cantabria e de la Demanda, com o rio Ebro cortando todo o território.

Existem duas versões para a origem do nome Rioja. A primeira vem do latim Rialia, que significa terra de afluentes, sendo um deles o "Oja". A outra é a versão basca, onde a palavra Errioxa significa "terra de pedras".

Após três viagens prefiro chamar de "terra do vinho"! É a maior D.O. da Espanha, respondendo por mais de 20% da produção, superando os 300 milhões de litros. Os 65 mil hectares de vinhedos se esparramam pelas Comunidades Autônomas de Rioja, Navarra e pelo País Basco, cuidados por mais de 15 mil viticultores, que respondem por 85% da produção. A D.O. Rioja está dividida em três regiões: Rioja Alavesa, Rioja Alta e Rioja Oriental (antiga Rioja Baixa). No guia não há vinícolas na Rioja Oriental.

A Rioja Alta apresenta um clima atlântico com solos argilo-calcários, ferrosos e aluviais. A região recebe cerca de 400 milímetros de chuva anualmente (as partes mais altas podem receber o dobro). O clima da Rioja Oriental é mais quente e seco porque é a região mais próxima do Mediterrâneo. Os solos são argilosos e ferrosos. Ao Norte, a Sierra Cantabria protege os vinhedos da Rioja Alavesa dos fortes ventos atlânticos, enquanto a Sierra de la Demanda e a Sierra Cameros funcionam como amortecedores para os ventos do sudoeste.

A região produz vinho há muitos séculos. Os fenícios plantaram uvas no século II a.C. E os romanos só chegaram a Bordeaux um século depois de estarem estabelecidos em Rioja, origem das primeiras vides plantadas na cidade francesa.

Ironicamente, muito séculos depois, os franceses voltam para implementar uma série de técnicas que perduram até hoje e que garantem a qualidade dos vinhos de Rioja, como a fermentação sem engaço, a higienização dos tanques, a poda para reduzir a produção e a utilização das barricas para micro oxigenar o vinho e aportar taninos e aromas.

No início do século passado, mais de 45 variedades eram plantadas em Rioja. Nos anos 1940 apenas 17 sobreviviam. Hoje em dia, apenas sete variedades respondem por 99% dos vinhedos. A Tempranillo representa 80%.

A palavra Rioja foi incluída nos rótulos dos vinhos a partir de 1925 e em 1926 foi criada a Denominação de Origem Rioja.

PRINCIPAIS REGRAS:

• Os vinhos tintos, brancos e rosados deverão apresentar graduação alcoólica não inferior a 11,5, 11,0 e 10,5, respectivamente.

• Os vinhedos só poderão ser utilizados para a produção a partir de seu quarto ano de ciclo vegetativo.

• A densidade por hectare deve variar entre 2.850 e 10 mil plantas;

• As uvas tintas permitidas são: Tempranillo, Garnacha, Mazuelo, Graciano e Maturana.

• *As uvas brancas permitidas são: Viura, Malvasía, Garnacha, Maturana, Tempranillo, Turruntés, Sauvignon Blanc, Chardonnay e Verdejo.*

• *A produção por hectare não pode ultrapassar 6.500 kg para tintas e 9 mil kg para brancas.*

• *Os vinhos tintos deverão ser elaborados com 95% das uvas Tempranillo, Garnacha, Graciano, Mazuelo e Maturana.*

• *Os vinhos rosados deverão ser elaborados com 25% das uvas Tempranillo, Garnacha, Graciano, Mazuelo e Maturana.*

• *Para receberem a menção "Crianza" os tintos deverão envelhecer por 24 meses, sendo 12 deles em barricas de carvalho de 225 litros.*

• *Para receberem a menção "Crianza" os brancos e rosados deverão envelhecer por 18 meses, sendo 6 deles em barricas de carvalho de 225 litros.*

• *Para receberem a menção "Reserva" os tintos deverão envelhecer por 36 meses, sendo 12 deles em barricas de carvalho, complementados por seis meses em garrafa.*

• *Para receberem a menção "Reserva" os brancos e rosados deverão envelhecer por 24 meses, sendo seis deles em barricas de carvalho.*

• *Para receberem a menção "Gran Reserva" os tintos deverão envelhecer por 60 meses, sendo 24 deles em barricas de carvalho, complementados por 24 meses em garrafa.*

• *Para receberem a menção "Gran Reserva" os brancos e rosados deverão envelhecer por 48 meses, sendo seis deles em barricas de carvalho.*

RIOJA ALTA / HARO

Haro não é a capital do vinho da Rioja. É a capital do vinho do mundo. Que outra cidade, com pouco mais de 12 mil habitantes, produz tanto vinho de qualidade premium? Onde mais é possível visitar, a pé, sete vinícolas em menos de um quilômetro?

A cidade foi fundada no século XI mas teve sua consolidação econômica a partir do século XVIII com a chegada de vinícolas francesas que buscavam vinhedos não infectados pela Philoxera. O desenvolvimento de Haro foi tão rápido que a luz elétrica chegou aqui antes de Madrid, como contam orgulhosos os guias das vinícolas. O vinho e a ferrovia trouxeram afluência. As famílias afortunadas construíram palácios e mansões em estilo barroco, que ajudam a embelezar a cidade, como o Palacio de la Plaza de la Cruz e o Palacio de los Condes de Haro.

Nesta mesma época se constrói a estação enológica, até hoje referência na Espanha, e que abriga o Centro de Investigación del Vino, um museu aberto aos visitantes.

O melhor evento de Haro é a cata del barrio de la estación, quando as vinícolas se reúnem num grande evento de portas abertas, com muita música, gastronomia e, por supuesto, mucho vino! A próxima será dia 20 de junho de 2020.

Além de Haro, a região conta com outras cidades muito ligadas ao vinho, como Briones e Cenicero, cujo subsolo é cortado por 280 calados. E várias outras podem ser visitadas seguindo-se a rota dos Monasterios, como Nájera, San Millán de la Cogola e Santo Domingo de la Calzada.

BERONIA   LA RIOJA ALTA
BILBAINAS   MUGA
CVNE   RAMÓN BILBAO
DAVID MORENO   RODA
GÓMEZ CRUZADO   VIVANCO
LA EMPERATRIZ

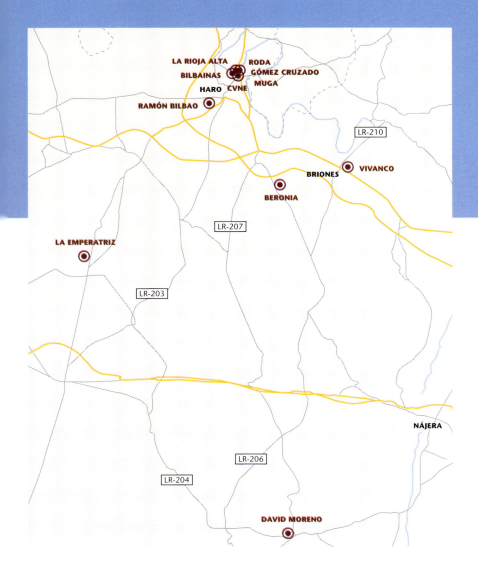

HARO

**BILBAINAS
CVNE
GÓMEZ CRUZADO
LA RIOJA ALTA
MUGA
RAMÓN BILBAO
RODA**

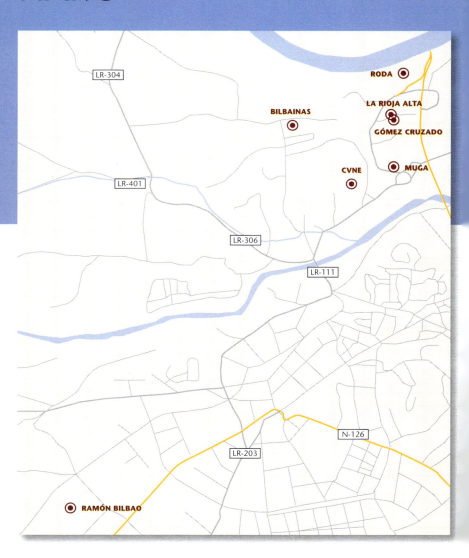

VINHO POR UM DIA

20 TINTOMANÍACOS I – COMO MANDA A TRADIÇÃO

Em Haro, no barrio de la estación, tradição significa madeira e paciência. A Muga produz 100% das barricas que utiliza e nenhum de seus vinhos passa por aço inox, enquanto a La Rioja Alta trasfega seus vinhos artesanalmente a cada seis meses pelo tempo que o vinho precisar para revelar todo seu potencial. Não conheço vinícolas que produzam com tanto cuidado.

SUGESTÃO DE ROTEIRO: visita pela manhã na La Rioja Alta. Almoço em Casalarreina na Cueva de Dona Isabela, pois este roteiro merece o melhor da cozinha tradicional espanhola. Visita à tarde na Muga.

21 TINTOMANÍACOS II – CONTEMPORÂNEOS

Fugindo à tradição, na Roda, a Tempranillo nunca está só. A Ramón Bilbao elabora dois vinhos muito especiais, que começam a representar uma "nova Rioja": Reserva Original e Viñedos de Altura.

SUGESTÃO DE ROTEIRO: Roda pela manhã. Almoço no La Vieja Bodega. Visita na Ramón Bilbao.

22 TINTOMANÍACOS III – "DE AUTOR"

Na Gómez Cruzado, a dupla de enólogos David González e Juan Antonio Leza, dedica tempo e alma para elaborar vinhos marcantes, como Honorable e Pancrudo. O Compromiso Viña Pomal (Bilbainas) é um urro de rebeldia contra a dominação do Conselho Regulador. Tempranillo, Graciano, Mazuelo, Garnacha e Maturana pela primeira vez juntas em um vinho de garrafa tatuada, rompendo dogmas e paradigmas, e que certamente influenciará as próximas gerações de enólogos.

SUGESTÃO DE ROTEIRO: Gómez Cruzado pela manhã. Almoço no restaurante Tondón. Bilbaínas à tarde.

23 TINTOMANÍACOS IV – VELHAS UVAS, NOVAS EXPERIÊNCIAS

Este roteiro é um tributo às castas autóctones, por décadas esquecidas, e que hoje ressurgem graças ao trabalho de alguns viticultores. Na busca da diversidade de aromas e sensações, várias vinícolas vão além da Tempranillo e elaboram raros exemplares que merecerão os holofotes a partir de agora. A Beronia elabora os varietais Graciano e Mazuelo, este sendo o único Reserva desta casta em toda Espanha. A Vivanco e sua série "parcelas" elabora varietais de Mazuelo, Graciano, Garnacha e Maturana. A Bilbainas, oferece os varietais de Graciano e Garnacha, que fazem parte da coleção "Vinos Singulares".

SUGESTÃO DE ROTEIRO: Bilbainas e Beronia pela manhã. Almoço e visita na Vivanco.

24 WHITELOVERS I – COM CARVALHO, POR FAVOR

Ao contrário de Ribera, muitas vinícolas elaboram brancos, sendo alguns de "classe mundial" por assim dizer. A variedade Viura (ou Macabeo na Cataluña) domina o cenário.

Neste roteiro as brancas "casam" com a madeira. Na Finca La Emperatriz, os vinhedos cinquentões geram uvas que fermentam em carvalho de vários tamanhos e usos. Este néctar cremoso só enche cinco mil garrafas por ano. A Gómez Cruzado extrai da terra brancas com alma de tintas. Assim é Monte Obarenes, servido por último na degustação. A Edição Limitada Lías da Ramón Bilbao transformou a Verdejo barata dos bares em uma dama de classe para frequentar as mesas mais aristocráticas da Europa.

SUGESTÃO DE ROTEIRO: pela distância, comece pela La Emperatriz.

Almoce no Vieja Bodega (peça frutos do mar). Na sequência, Ramón Bilbao e Gómez Cruzado.

VINHO POR UM DIA

25 WHITELOVERS II – UVAS RARAS, INESPERADAS SENSAÇÕES

Garnacha, Tempranillo e Maturana brancas são raríssimas, quase extintas. Algumas vinícolas estão fazendo um belo trabalho de recuperação dessas cepas tão interessantes. A coleção Vinos Singulares da Bilbainas oferece um Tempranillo Blanco e um Maturana Blanco. A Vivanco tem dois rótulos para os whitelovers: o fresco e aromático Viura, Tempranillo Blanco e Maturana Blanca; e o 4 Varietales Blanco de Guarda, elaborado com Viura, Garnacha, Tempranillo e Maturana.

SUGESTÃO DE ROTEIRO: visita na Bilbainas pela manhã. Almoço e visita na Vivanco.

26 ROSADOS E BORBULHAS

Lalomba é o vinho mais especial da Ramón Bilbao. Com 90% de Garnacha e 10% de Viura, estagiou em madeira sobre suas próprias borras e recebeu uma linda garrafa nas versões 750ml e Magnum. Prove o outro rosado da casa, mas compre o Lalomba. A Muga também oferece dois rótulos. O Flor de Muga, 100% Garnacha, é um belo rival do anterior e vale a compra também. Na Muga, prove os dois cavas Conde de Haro.

SUGESTÃO DE ROTEIRO: Ramón Bilbao logo cedo. Degustação na Muga e almoço no restaurante Tondón, em Briñas, pertinho da Muga.

27 CRIANÇAS

A David Moreno oferece programação ao ar livre para toda a família, enquanto a Vivanco possui o mais completo museu de vinho do mundo em uma vinícola.

SUGESTÃO DE ROTEIRO: comece o dia na David Moreno. Almoce lá e visite a Vivanco durante a tarde.

28 NATUREZA

Finca La Emperatriz é uma enorme fazenda que merece um dia de sol para ser desfrutada a pé caminhando-se por entre as parreiras. A Vivanco oferece uma bela vista de seus vinhedos e da pequena Briones.

SUGESTÃO DE ROTEIRO: comece o dia na Vivanco. Almoço em Casalarreina no La Vieja Bodega. La Emperatriz encerrando o dia.

29 SACRO - HISTÓRICO

Hoje você fará uma parte da Rota dos Monastérios. E terminará seu dia na CVNE, a mais antiga de Haro, fundada em 1879.

SUGESTÃO DE ROTEIRO: comece cedo para aproveitar o dia e vá direto para Nájera para conhecer o Monastério Santa María La Real. Suas próximas paradas são os Monastérios de Yuso e de Suso, berço da língua castellana. A fome apertou. Hora de voltar para Haro e encarar um cordero lechal e tudo o que há de mais pesado na culinária local no restaurante Beethoven. Nada de hotel ainda. Não se esqueça que este é um guia de vinícolas e a última visita lhe espera na CVNE.

30 COMPRAS

Pela variedade e pelos preços. Ramón Bilbao, Beronia e Bilbainas oferecem brancos, tintos, rosados para todos os gostos e bolsos. Na Ramón Bilbao e na Bilbainas a maioria dos vinhos estão disponíveis para prova. Não compre vinho pelo rótulo. Deguste e decida.

SUGESTÃO DE ROTEIRO: Beronia e Ramón Bilbao pela manhã. Almoço no Claustro de los Agustinos. Mais compras na Bilbainas à tarde.

31 "POR LAS BARRAS DEL BARRIO"

Não gosto de sair bebendo de vinícola em vinícola sem fazer a visita completa e aprender sobre a história e os métodos de elaboração (não estamos em Napa!). Mas se essa for a sua onda, em nenhum lugar do mundo você consegue percorrer a pé, em menos de um quilômetro, tantas vinícolas. Neste roteiro não há opção de almoço. Como dizem os europeus, vinho é alimento, certo? Mas não deixe de picar algo nas barras del barrio de la estación.

SUGESTÃO DE ROTEIRO: comece na Bilbaínas, depois CVNE, Muga, Gómez Cruzado, La Rioja Alta e termine na Roda.

ONDE COMER E FICAR

COMER

DENTRO DAS VINÍCOLAS

🍴 ***Vivanco (espanhola).*** *Vinícola Vivanco. Tel. (34) 941 322 340 Diariamente, das 13:30 às 15:30h.*
O menu Riojano nunca sai de moda, e começa com batatas com chorizo, bacalhau, cordero lechal com salada e uma sobremesa. A outra opção de menu é reformulada de tempos em tempos. Galletas de berenjena asada con queso de cabra y vinagreta de frutos secos. Como principal, terrina de rabo deshuesado con salsa de Maturana e verduras. Acompanha uma taça de Crianza. Ou mais, no meu caso. Há também um menu infantil.

FORA DAS VINÍCOLAS

La Vieja Bodega ♥ *(espanhola, internacional). Av. Rioja, 17 - Casalarreina. Tel. (34) 941 324 254. Segunda à sexta, das 13:30 às 15:30h e das 21 às 22:30h; domingo, das 13:30 às 15:30h.*

Melhor experiência fora das vinícolas. Ambiente agradável, serviço excepcional e comida maravilhosa. Os pratos são bem apresentados e muito saborosos. Menu amplo e carta de vinhos com os melhores rótulos da região. Apesar de grande, convém reservar pois é o melhor em muitos quilômetros. Para voltar sempre que for a Rioja!

La Cueva de Dona Isabela ♥ ***(espanhola, tradicional).*** *Travesía de los Jardines, 15 – Casalarreina. Tel. (34) 941 324 122. Almoço: terça a sábado, das 13 às 15:30h. Jantar: sexta e sábado, das 20:30 às 22:30h.*
Aqui comemos as famosas paletillas de cordero lechal asadas e un rabo de vaca deshuesado con crema de alcachofras y castanhas con setas salteadas. Mas começamos com pulpo con colifor y aceite ahumada. Comida espanhola com ingredientes de primeira, sem inventices, em um ambiente clássico campestre. Deu certo.

ONDE COMER E FICAR

El Claustro de los Agustinos ♥ ***(espanhola, internacional).*** *Calle San Agustín, 2 – Haro. Tel. (34) 941 311 308.*
O ambiente é lindíssimo e os pratos são bem apresentados. Comi do mar e da terra, acompanhado de branco e tinto. É a melhor parte do hotel.

El Portal del Echaurren ® ***(cozinha de autor).*** *Calle Padre José García, 19 – Ezcaray, dentro do Hotel Echaurren. Tel. (34) 941 354 047. Consulte dias e horários no site.*
Oferece Menu degustação (para os amantes do Guia Michelin) e à la carte, flexibilidade que deixa todos felizes. O Chef Francis Paniego mantém suas duas estrelas elaborando uma cozinha criativa e sem barreiras.

Echaurren Tradición (espanhola). *Calle Padre José García, 19 – Ezcaray, dentro do Hotel Echaurren. Tel. (34) 941 354 047. Consulte dias e horários no site.*
Receitas simples e gostosas, executadas como a mãe do Chef ensinou. Croquetas, morcillas, pochas e pimientos.

Tondón (contemporânea, autor). *Calle Campo, 2 – Briñas, dentro do Hotel Palacio Tondón. Tel. (34) 941 690 100. De quinta a domingo, das 13:30 às 15:30h; diariamente, das 20 às 22:30h.* Quando a temperatura permite, almoce na varanda ao lado do rio. O wine bar subterrâneo é outro diferencial e lhe espera para o happy hour.

Arrope* ® *(espanhola). *Calle Virgen de la Vega, 31 - Haro, dentro do Hotel Arrope. Tel. (34) 941 304 025. Segunda, das 13:15 às 15:15h e das 20:30 às 22:15h; terça a domingo, das 13:15 às 15:30 e das 20:30 às 22:30h.* Sempre prefiro comer fora de shoppings e hotéis. Mas a verdade é que a cidade não oferece tantas opções. Aqui a comida é boa, os preços são justos e o serviço funciona. Abra uma botella de Rioja e tudo bem.

Beethoven* ® *(asador, tradicional). *Plaza Iglesia, 9 - Haro. Tel. (34) 941 310 018. Diariamente, das 8 às 23h.* Fácil de achar, boa comida e bons preços. Sem surpresas positivas ou negativas.

"LA HERRADURA"

Ao cair da noite, sua missão é percorrer as ruas Santo Tomás e San Martín, "que fazem uma ferradura", tendo a Praça San Martín como lado oposto à abertura. São menos opções se compararmos a Logroño, mas vale a pena. Kaya, Beethoven e Cervecería Chamonix passaram no teste com louvor. Não saia sem comer uma zapatilla (pão na chapa untado com tomate e azeite e um belo jamón por cima), champi (cogumelos), pimentos rellenos (pimentão recheado) de carne. Não se preocupe, não ardem. E, claro, patatas bravas que, confesso, não achei tão bravas. Mas se você é forte ou curioso, recomendo Oreja de Cerdo (é isso mesmo que você está pensando). Pode ser no Vega ou no Benigno.

ONDE COMER E FICAR

FICAR

FORA DAS VINÍCOLAS

Hotel Palacio Tondón ♥. *Calle Campo, 2 – Briñas. Tel. (34) 941 690 100.*
Finalmente um ótimo hotel à altura dos vinhos de Haro! Inaugurado em junho de 2018 (novinho), são 33 suítes cheias de design viradinhas para o Ebro. Já pode reservar. E o restaurante é perfeito, ainda mais se você é hóspede.

Hotel Arrope ♥. *Calle Virgen de la Vega, 31- Haro. Tel. (34) 941 304 025.*
Dentro de Haro é o melhor. Quartos remodelados e boa localização. O deck faz sucesso no verão.

Hotel Los Agustinos. *Calle San Agustín, 2 – Haro. Tel. (34) 941 311 308.*
É a referência da cidade. Quartos grandes, mas antigos. Café da manhã muito bom. Boa opção para jantar também.

Echaurren Hotel Gastronómico. *Calle Padre José García, 19 – Ezcaray. Tel. (34) 941 354 04.*
Tudo do bom e do melhor – travesseiros, banho, amenidades, café da manhã, serviço – mas o pequeno hotel é localizado no centro da cidade, sem aquela vista espetacular que se imagina durante a viagem até lá.

Hospedería Señorío de Casalarreina. *Plaza Santo Domingo Guzmán, 6 – Casalarreina. Tel. (34) 941 324 730*
O antigo monastério do século XVI abriga 15 espaçosas suítes e seus imensos banheiros. Mas o prédio necessita de conservação. Café da manhã pobre.

BERONIA
www.beronia.com

FUNDAÇÃO *1973* **VINHEDOS PRÓPRIOS** *25 ha* **PRODUÇÃO ANUAL** *6,5 milhões de garrafas*

END. *Carretera Ollauri – Nájera, Km 1,8 - Ollauri*
DISTÂNCIA DO CENTRO DE HARO *6,7 km*
VISITAS *consultas@beronia.com. Mas é melhor reservar direto no site*
TEL. *(34) 941 338 000*
FUNCIONAMENTO *segunda à sexta, visitas às 10:30 e 12:30h; sábado, visita às 12h*

Vinhos celtas

O nome é homenagem aos Berones, povo guerreiro Celta que no século III a.C. habitou a Beronia, hoje conhecida como Rioja. A vinícola foi fundada por amigos bascos que gostavam de beber e cozinhar. Depois de muitas e muitas taças, decidem fazer seu próprio vinho – apenas Reservas e Gran Reservas. Em 1982 vendem a maior parte da empresa e inicia-se a expansão da produção e da variedade de rótulos – uma das maiores do guia, dividida em Clásicos, Colección e Premium. Impossível não comprar nada: diversidade, qualidade e ótimos preços!

Todos os tintos estagiam em carvalho embalados por cantos gregorianos, influência dos monastérios vizinhos, onde a maior parte do vinho era produzida antigamente. O enólogo enxerga o vinho como um monge: sem contato com o mundo exterior e fora do contexto do tempo. Em outras palavras, o vinho gosta de isolamento e tem seu próprio relógio.

Para quem dispuser de um pouco mais de tempo, e a temperatura permitir, a sugestão é fazer os tours que incluam o vinhedo. No caso do tour premium, além de provar os melhores vinhos, você substitui o almoço pelos aperitivos gourmet. Ah, evite a visita de sábado se puder (sempre cheia).

Vale conferir:

- *Reserva Mazuelo. Único Reserva desta variedade, também conhecida como Carignan na França. Estagia 26 meses em uma barrica especial, composta por carvalho americano e francês (nunca havia visto). No nariz, frutas maduras, couro, tabaco. Acidez e taninos presentes, mas em harmonia. Comprei!*

- *Selección de 198 barricas. Tempranillo, Mazuelo e Graciano. Frutas em compota, em especial ameixa, e especiarias.*

BILBAINAS
www.bodegasbilbainas.com

FUNDAÇÃO *1904* **VINHEDOS PRÓPRIOS** *240 ha* **PRODUÇÃO ANUAL** *3,5 milhões de garrafas*

END. *Calle La Estación, 3 - Haro*
DISTÂNCIA DO CENTRO DE HARO *1,9 km*
VISITAS *reservas@bodegasbilbainas.com*
TEL *(34) 610 486 999, 610 486 968, 610 486 893. Fim de semana ligar para 610 486 994*
FUNCIONAMENTO *segunda à sexta, das 10 às 17h; sábado, das 11 às 18h. Domingo, das 11 às 15h*

Aqui tem vinhedo na visita!

Única vinícola de Haro em que se visita o vinhedo no tour regular. Pertence ao grupo catalão Codorníu, fundado em 1551, presente em várias partes do mundo (a Legaris, em Ribera, faz parte do guia).

Centenária, mas combina tradição com tecnologia. As uvas são vinificadas no melhor momento da maturação. A parcela a ser colhida é indicada por sensores monitorados por satélite, que envia as informações para os enólogos.

Prepare-se para andar, pois o percurso é longo. Calma...a degustação é feita no caminho. Ao final, a visita foi técnica, divertida e cheia de histórias. Nem pareceram duas horas. Mas se você só quer relaxar e degustar, este também é o lugar certo. O wine bar oferece, além de 15 rótulos por taça, petiscos como jamón, chorizo, tortilla e queijos, além de duas cavas elaboradas por quem mais entende de espumantes no país.

Vale conferir:

- Maturana Blanca. Muito aromático em boca e nariz. Cítrico.

- Tempranillo Blanco. Único Reserva no guia desta variedade. Um ano de carvalho e outro em garrafa. Flores brancas e mel.

- La Vicalanda Gran Reserva. Vinhaço! Contemporâneo. Os aromas típicos da Tempranillo estão intensamente presentes como a amora, o alcaçuz, a framboesa. Para guardar.

- Viña Pomal Compromiso. Compromisso com a uva, com a terra e com o vinhedo. Elaborado com cinco uvas e vem em garrafa "tatuada". Quem sabe o único vinho hipster da Espanha. Intenso na cor e nos aromas. Flores e pimenta. Complexo e persistente.

www.cvne.com

FUNDAÇÃO *1879* **VINHEDOS PRÓPRIOS** *600 ha* **PRODUÇÃO ANUAL** *7 milhões de garrafas*

END. *Barrio de la Estación, s/n - Haro*
DISTÂNCIA DO CENTRO DE HARO *2,1 km*
VISITAS *visitas@cvne.com*
TEL. *(34) 941 304 809*
FUNCIONAMENTO *segunda à sexta, das 9:30 às 18h; sábado, das 10 às 18:30. Domingo, das 10 às 14h*

Tradição espanhola

Dois irmãos se mudam de Bilbao por motivos de saúde e escolhem Haro para fundar a Companía Vinícola del Norte de España (CVNE), aproveitando a afluência de capital e técnicas dos franceses, ávidos por incentivar a produção de vinho para neutralizar os efeitos da Philoxera, praga que destruiu os vinhedos de Bordeaux. A vinícola ainda é familiar e conta com outras vinícolas no guia – Viña Real e Contino.

A "Cune" é a segunda mais antiga das vinícolas localizadas no bairro da estação. Visitá-la é mergulhar na história de Haro e do vinho. A presença francesa se faz notar de forma definitiva na sala de tonéis, projetada sem colunas por Gustave Eiffel em 1909, uma das mais belas do mundo.

A visita percorre todas as instalações e o processo de elaboração é explicado no detalhe. São degustados dois vinhos na visita regular. Mas se eu fosse você, faria o curso de cata gourmet, que lhe dará a oportunidade de provar os melhores vinhos acompanhados de bocaditos especiais que substituirão o almoço, liberando tempo para mais visitas.

Vale conferir:

- **Monopole.** Lançado em 1915, foi o primeiro vinho branco vendido na Espanha como tal. 100% Viura. Direto, frutado, seco. Maçã verde, alguns cítricos ao fundo e simplicidade.

- **Cune Reserva.** Para todos os momentos. Fácil de beber e preço justo.

DAVID MORENO
www.davidmoreno.es

FUNDAÇÃO *1988* **VINHEDOS PRÓPRIOS** *130 ha* **PRODUÇÃO ANUAL** *800 mil garrafas*

END. *Carretera a Villar de Torre, s/n - Badarán*
DISTÂNCIA DO CENTRO DE HARO *28 km*
VISITAS *reservas@davidmoreno.es*
TEL. *(34) 941 367 388*
FUNCIONAMENTO *segunda à sexta, das 9:30 às 13:30h e das 15:30 às 19:30h; sábado, das 10:30 às 14:30h e das 16 às 20h. Domingo, das 10:30 às 13:30h*

Diversão para toda família

O avô elaborava vinhos quando ainda morava em Badarán. Como muitos, David deixou a vila e migrou a Barcelona para buscar melhores oportunidades...mas nunca esqueceu do avô e do vinho. Recebeu terras como herança e decidiu plantar uvas. O resto é história.

Esta bodega é feita para famílias que queiram passar um dia ao ar livre aprendendo, brincando, comendo e bebendo. Ideal visitar com temperatura agradável e com as crianças, que poderão participar de uma gincana e pisar uvas se for época de colheita.

Para os crescidos, sugiro a visita premium para provar branco, Crianza, Reserva e Vinho de Autor. Antes de chegar à vinícola, vale a pena conhecer um ou dois monastérios, como o de Yuso, Patrimônio da Humanidade e berço da língua castellana, ou o de Santa María de la Real, em Nájera.

Vale conferir:

- *Crianza Selección.* 90% Tempranillo e 10% Garnacha. 12 meses em carvalho americano e 6 meses em carvalho francês.

- *Reserva.* Frutas vermelhas com cacau e aromas tostados. Macio e elegante. Corpo médio.

- *Vobiscum.* "Encheu o nariz e a boca". Intenso, cheio de frutas do bosque e especiarias.

GÓMEZ CRUZADO

www.gomezcruzado.com

FUNDAÇÃO *1886* VINHEDOS PRÓPRIOS *50 ha* PRODUÇÃO ANUAL *200 mil garrafas*

END. *Av. Vizcaya, 6 - Haro*
DISTÂNCIA DO CENTRO DE HARO *2,2 km*
VISITAS *visitas@gomezcruzado.com*
TEL. *(34) 941 312 502*
FUNCIONAMENTO NO VERÃO *de segunda a sábado, das 10 às 18h; domingo e feriados, das 10 às 15h. No inverno: de segunda à sexta, das 10 às 15h; domingo e feriados, das 10 às 15h. Sábado, das 10 às 18h. As visitas ocorrem diariamente o ano todo, sempre às 10 e às 11h.*

O boteco do bairro

Uma pequena bodega centenária, mas de espírito jovem. O clima é de boteco, com mesinhas do lado de fora. A nova história da vinícola começa em 2004 com uma restauração completa. Em 2008, os enólogos consultores David González e Juan Antonio Leza são contratados e em 2013 tornam-se sócios. A produção salta de 40 para 200 mil garrafas e a linha de vinhos fica mais interessante.

Os caldos são elaborados a partir da experiência e da intuição, divididos em clásicos, como tributo ao bairro da estação (afinal é uma bodega centenária), e "vinos de finca", que expressam sua origem.

A visita sai de graça para quem compra o dobro do valor em vinho. Mas a ideia é parar e relaxar. Sugiro provar todos os vinhos comentados aqui (veja se fica mais barato provar por taça ou escolher uma degustação) e comprar!

Vale conferir:

- *Blanco 2º año. Viura e Tempranillo Blanco. Maçã verde, pera e acidez. Muito fresco. Tomaria todos os dias se morasse na Espanha.*

- *Honorable. Uma fotografia de la Sonsierra. Solos pobres, vinhedos velhos. Tempranillo, Garnacha, Graciano, Mazuelo, Viura e Malvasía colhidas juntas (field blend). 18 meses de barrica francesa nova. Fruta negra, tabaco, chocolate, café, taninos presentes. É uma releitura dos Gran Reserva. Produção limitada.*

- *Pancrudo. 100% Garnacha. Diferente. Envelhecido em barricas não tostadas e em tanques de concreto. Frescura e acidez.*

- *Montes Obarenes. Um branco com alma de tinto. Complexo. Inesquecível. Um dos melhores do guia.*

LA EMPERATRIZ

www.bodegaslaemperatriz.com

FUNDAÇÃO *1996*   **VINHEDOS PRÓPRIOS** *102 ha*   **PRODUÇÃO ANUAL** *330 mil garrafas*

END. Carretera Santo Domingo – Haro, km 31,5, s/n – Baños de Rioja
DISTÂNCIA DO CENTRO DE HARO 14,4 km
VISITAS visitas@bodegaslaemperatriz.com
TEL. (34) 941 300 705
FUNCIONAMENTO segunda a sábado, das 10 às 18h, visitas às 10, 12 e 16h; domingo, das 10 às 15h, visitas às 10 e 12h

Visita de campo

A fazenda pertencia à Eugenia de Montijo, esposa de Napoleão III, Imperatriz da França e talvez a mulher mais poderosa da Europa em sua época. Em 1996 as terras são compradas pela família Hérnaiz, que decide construir uma bodega e elaborar vinhos que preservem o caráter e a identidade desta zona extrema de Rioja, onde o mais comum é plantar cereais e legumes. Os solos, muito pedregosos, "mineralizam os vinhos", fazendo-os únicos. A filosofia segue a escola de Bordeaux, isto é, utilizar uvas apenas dos vinhedos que circundam a bodega e que possam ser avistados sem o auxílio de equipamentos.

A vinícola oferece a melhor experiência em vinhedo de toda Rioja. Escolha um dia agradável para estar ao ar livre. Metade das 22 parcelas será percorrida enquanto aprende-se sobre o clima da região e o manejo de cada parcela. Em dias muito frios, o tour é parecido com o de outras vinícolas, visitando as instalações onde se elabora o vinho.

As visitas são para pequenos grupos. Sugiro a opção vinhos de parcela, onde são degustados os melhores caldos acompanhados de um picoteo gourmet que substitui uma refeição. O wine bar, com seu estilo rural, é muito agradável e serve todos os rótulos, inclusive safras antigas. Que tal uma vertical?

Vale conferir:

- *Viura Cepas Viejas. Fermentado em barricas. Mel, abacaxi maduro, frutas secas e brancas. Cremoso, redondo, para abrir uma refeição requintada.*

- *Garnacha Cepas Viejas. "Um Pinot de Rioja". Delicadeza em sua forma líquida. Frutas vermelhas frescas, pimenta branca e outras ervas. Elaborado em barricas de 500 litros para não marcar muito a fruta. Produção limitada.*

- *Parcela Nº1. Muito complexo. Vinhedos de 70 anos, 18 meses em barricas francesas novas. Bom volume de boca, sedoso.*

LA RIOJA ALTA
www.riojalta.com

FUNDAÇÃO *1890* **VINHEDOS PRÓPRIOS** *415 ha* **PRODUÇÃO ANUAL** *2 milhões de garrafas*

END. Avenida Vizcaya, 8 - Haro
DISTÂNCIA DO CENTRO DE HARO 2,3 km
VISITAS info@riojalta.com
TEL. (34) 941 310 346
FUNCIONAMENTO segunda à sexta, 10 e 11:30h; sábado, às 10:45, 11:30 e 12:15h. Domingo às 12h. Loja e wine bar: segunda à sexta, das 9 às 15h; sábado e domingo, das 11 às 14h.

"Só vinhos adultos"

Adoro bodegas familiares com história e tradição porque "seu vinho" vem sempre em primeiro lugar. "Seu vinho" significa atender aos padrões de qualidade da família, não importando se os restaurantes querem agora a safra nova ou se o preço vai aumentar porque o clima não ajudou. Assim é La Rioja Alta, um ícone familiar espanhol admirado em todo mundo.

Aqui não há espaço para vinhos jovens...são todos adultos! Mesmo o Crianza é tratado como um Reserva, pois repousa muito mais tempo em carvalho e vidro do que o mínimo exigido pelo Conselho Regulador. O envelhecimento dos vinhos é a marca registrada da casa. O processo é levado tão a sério que a maioria das barricas são produzidas aqui, com seu característico tostado médio plus.

O extenso período de crianza exige que os vinhos sejam trasfegados a cada seis meses manualmente e à luz de vela, pois é a mais parecida com luz do sol. A trasfega é interrompida ao menor sinal de turbidez. "Quanto vinho se perde neste processo", perguntei ao trabalhador. "Não sei. Não importa, responde o trabalhador sem parar o processo. "Meu trabalho é garantir um vinho mais limpo, sem sedimentos

Vale conferir:

- *Gran Reserva 890.* A joia da coroa. Seis anos em barrica e seis em garrafa antes de ir ao mercado. Elegantérrimo e complexo. Chocolate amargo, tabaco e ameixa seca. Bouquet inesquecível.

- *Gran Reserva 904.* Um clássico. Quatro anos em madeira e outros quatro em vidro. No aroma é quase como um Porto.

- *Viña Ardanza (Reserva).* Mais colorido (pela Garnacha) e encorpado. Nariz de cerejas e cassis. Ideal para acompanhar carnes.

- *Viña Arana (Reserva).* Fruta vermelha, baunilha, canela e uma pitada de acidez ao final. O vinho cresce na taça.

MUGA

www.bodegasmuga.com

FUNDAÇÃO *1932*   **VINHEDOS PRÓPRIOS** *350 ha*   **PRODUÇÃO ANUAL** *1,5 milhões de garrafas*

END. *Av. Vizcaya,2 - Haro*
DISTÂNCIA DO CENTRO DE HARO *1,9 km*
VISITAS *visitas@bodegasmuga.com*
TEL. *(34) 941 306 060*
FUNCIONAMENTO *segunda a sábado. Preencher formulário no site*

Reverência ao carvalho

Muga é um dos nomes de mais prestígio na Espanha. Após visitar e provar os vinhos tem-se a certeza que continuará sendo, pois aqui a tradição é levada muito a sério pela família, que produz quase que artesanalmente seus vinhos: não utiliza tanques de aço, trasfega seus vinhos de uma barrica a outra por gravidade e clarifica todos os seus vinhos (inclusive brancos e rosados) com clara de ovo de verdade. Sim, são necessários milhares de ovos. Não acredita? Pois os visitantes poderão separar algumas gemas das claras durante o tour. É mais simples do que parece.

De todas as visitas às bodegas do bairro da estação, esta valeu por duas. A vinícola é a única (do mundo, quem sabe) a fabricar todos os tonéis e barricas que utiliza. Não é todo dia que se pode conhecer in loco o processo de fabricação de uma barrica, não é mesmo? Não perca.

Depois da visita, que começa pontualmente, não deixe de passar no wine bar para provar mais vinhos e comprar. Todos podem ser provados por meia taça – muito inteligente. Preços abaixo do mercado.

Vale conferir:

- *Crianza.* Um super Crianza. Encorpado, aromático, completo. Exportado como Reserva, pois passa 30 meses em madeira.

- *Reserva Selección Especial.* Equilibradíssimo. Taninos maduros, madeira e fruta competem lealmente. Melhor custo-benefício entre todos os vinhos da vinícola. Compra certa!

- *Gran Reserva Prado Enea.* Um clássico espanhol. Não agrada a todos pela intensidade da madeira. Comprar e esperar ao menos cinco anos para que o vinho comece a mostrar todo seu esplendor.

- *Torre Muga.* Maravilhosa combinação de Tempranillo, Mazuelo e Garnacha. Frutas maduras e especiarias, como pimenta e alcaçuz. Só deve ser aberto em ocasiões muito especiais. Eleito o melhor de Rioja.

RAMÓN BILBAO
www.bodegasramonbilbao.es

FUNDAÇÃO *1924* **VINHEDOS PRÓPRIOS** *não informado* **PRODUÇÃO ANUAL** *não informado*

END. *Av. Santo Domingo de la Calzada, 34 - Haro*
DISTÂNCIA DO CENTRO DE HARO *1,3 km*
VISITAS *visitanos@bodegasramonbilbao.es*
TEL. *(34) 941 310 316*
FUNCIONAMENTO *segunda à sexta, visita às 11h; sábado, visitas às 9 e às 15:30h. Domingo, visitas às 9 e às 11h. Reserve diretamente no site*

A viagem começa aqui

"Dicen que las personas no son las que hacen los viajes, sino que son los viajes que hacen las personas". Concordo de corpo e alma.

Uma visita, ou melhor, uma viagem imperdível. Depois do belo vídeo, começa o percurso pela área de produção. Na sala de barricas, a comparação definitiva entre carvalho francês e americano. Depois, na sala de degustação, percebe-se a evolução do vinho que acabamos de provar na barrica com o produto terminado depois de anos em garrafa.

Em qualquer outra vinícola do mundo a experiência teria terminado. Aqui a viagem começa. Acompanhamos, em realidade virtual, todo o caminho percorrido pela uva dentro da vinícola. Muito bem feito. Me senti na Disney, mas sem a sensação de estarem estragando o enoturismo. Meus cumprimentos aos criadores da atração!

Existem várias outras experiências, como harmonização de vinho com chocolate e queijo, além de degustações verticais. Verifique a programação no site. A próxima parada é na loja, onde é possível provar 16 vinhos diferentes. Prepare a mala para muitas garrafas.

Vale conferir:

- Verdejo Edición Limitada. Cítrico e levemente untuoso. Talvez o melhor Verdejo do guia. Só faltou o camarão. 🙏
- Lalomba. Rosas, toques de laranja. Untuoso, elegante. 🦋
- Gran Reserva. Amadeirado como se espera desta categoria de vinho, mas nem tanto. Vale a compra pelo preço.
- Mirto. É o vinho de autor da casa. Mais caro, porém acessível. Complexo, se sente o cuidado durante a elaboração. Taninos finos, frutas negras e ervas. Bate qualquer vinho chileno de US$ 100, como muitos outros deste guia. 🦋

RODA
www.roda.es

FUNDAÇÃO *1987*   **VINHEDOS PRÓPRIOS** *200 ha*   **PRODUÇÃO ANUAL** *350 mil garrafas*

END. *Av. Vizcaya, 5 - Haro*
DISTÂNCIA DO CENTRO DE HARO *1,6 km*
VISITAS *visitas@roda.es*
TEL. *(34) 941 312 187 e (34) 669 776 564*
FUNCIONAMENTO *segunda a sábado, visitas às 10 e às 12h. Wine bar, das 10:30 às 15h. Domingo, das 11 às 14h*

A boutique do bairro

A vinícola foi construída sobre um calado centenário que se comunica com o Ebro, onde parte das garrafas amadurece com sua brisa. No verão, o agradável espaço beira rio é usado para degustações e pequenos cursos.

Apesar de localizada em meio a bodegas centenárias, a vinícola tem concepção e filosofias bem mais contemporâneas, mas sem abrir mão do melhor da tradição, como a colheita manual, o plantio em vaso, a clarificação com claras de ovo e o engarrafamento sem filtrar. E, como nas vizinhas, o carvalho é fundamental em todo o processo.

Mas aqui é 100% francês. Outros detalhes fazem desta vinícola única: não há tanques de aço e as barricas são utilizadas apenas duas vezes – um luxo!

Só tintos são elaborados, mas a Tempranillo vem sempre acompanhada de Graciano e/ou Garnacha. Recomendo fazer a visita básica e completar a experiência degustando no wine bar acompanhado de um belo jamón ibérico.

Vale conferir:

- *Sela.* Ótima relação-custo benefício. Aromas a cerejas e framboesas. Bem fresco em boca, com taninos suaves. Ideal para acompanhar petiscos antes do prato principal.
- *Roda.* Cereja. Intenso, madeira e especiarias doces como a canela.
- *Roda I.* Ameixa. Mineral, harmônico, elegante e persistente.

VIVANCO

www.vivancoculturadevino.es

FUNDAÇÃO *2004*   **VINHEDOS PRÓPRIOS** *300 ha*   **PRODUÇÃO ANUAL** *700 mil garrafas*

END. *Carretera Nacional s/n - Briones*
DISTÂNCIA DO CENTRO DE HARO *8,8 km*
VISITAS *experiencias@vivancoculturadevino.es ou reservas@vivancoculturadevino.es*
TEL: *(34) 941 322 323*
FUNCIONAMENTO *de terça a domingo, visitas às 11, 13 e 16h*

Devoção à cultura do vinho

São quatro gerações apaixonadas pelo vinho e sua cultura. Pedro Vivanco começou a colecionar objetos relacionados ao mundo do vinho durante suas viagens com o intuito de devolver ao vinho o que ele deu a sua família ao longo de um século. Terminou por construir o Museo de la Cultura del Vino, o melhor que já visitei no mundo. São cinco salas repletas de objetos e coleções (a de saca-rolhas é incrível), que percorrem desde os trabalhos no campo, passando pela elaboração e pelo serviço, terminando em uma exposição de arte que explora o universo simbólico e mágico da bebida. Reserve duas horas para conhecê-lo com calma, de preferência pela manhã. Acredite, não haverá outra oportunidade assim em sua vida.

Além do museu, jardim ampelográfico, restaurante de comida tradicional riojana com vista para o vinhedo e a loja mais completa, encantadora e "perigosa" do guia. Um verdadeiro complexo.

A vinícola é subterrânea e moderna: vinificação por gravidade e fermentação em tonéis franceses. O diferencial enológico é a recuperação das variedades autóctones, como a Maturana, que esteve a ponto de desaparecer. Prove este e os outros (Mazuelo, Graciano e Garnacha) no wine corner. Se você comprar a garrafa, a taça sai de graça. Mais justo e simpático impossível, não?

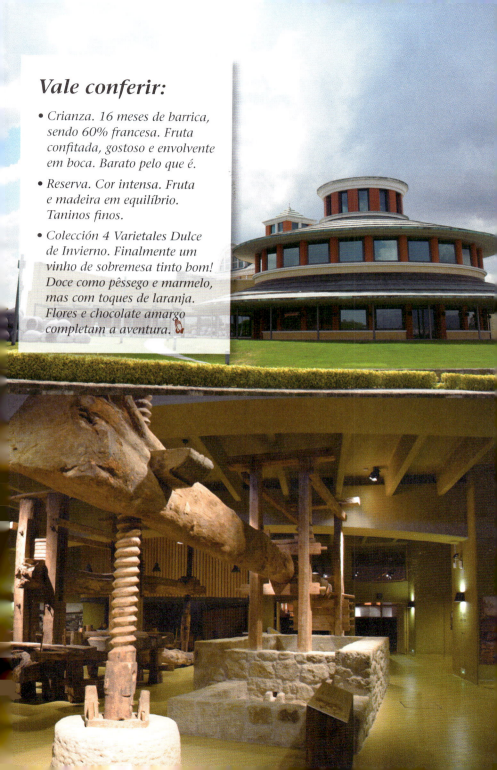

Vale conferir:

- *Crianza. 16 meses de barrica, sendo 60% francesa. Fruta confitada, gostoso e envolvente em boca. Barato pelo que é.*
- *Reserva. Cor intensa. Fruta e madeira em equilíbrio. Taninos finos.*
- *Colección 4 Varietales Dulce de Invierno. Finalmente um vinho de sobremesa tinto bom! Doce como pêssego e marmelo, mas com toques de laranja. Flores e chocolate amargo completam a aventura.*

RIOJA ALTA / LOGROÑO

Por ser a capital administrativa da Rioja, oferece a melhor estrutura hoteleira e de restaurantes, sem falar da centena de bares de tapas e pintxos concentrados nas calles San Juan, Laurel e arredores.

O Parque del Ebro e o Passeo del Espolón são ótimos para aquela caminhada bem cedinho e preparar o corpo para mais um dia de viagem. São boas atrações para quem visita Logroño.

A cidade também ganhou várias igrejas por ser uma das paradas do Caminho de Santiago. As mais importantes são a de Santiago el Real, de San Bartolome, e a Concatedral de Santa María de la Redonda, construída no século XV em estilo gótico-barroco.

CAMPO VIEJO
LOS ARANDINOS
MARQUÉS DE CÁCERES
MARQUÉS DE MURRIETA
TRITIUM

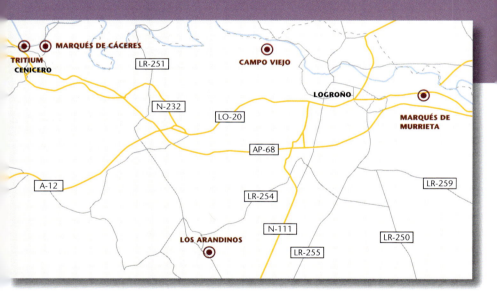

VINHO POR UM DIA

32 TINTOMANÍACOS I – TINTOS NOBRES

O Marqués de Cáceres Gran Reserva só vai a mercado depois de quatro anos dormindo em seu leito de cristal: só na Espanha há tanto cuidado e respeito com o vinho. E a Marqués de Murrieta oferece dois vinhaços: Gran Reserva e o Castillo Ygay Gran Reserva Especial, produzido em safras excepcionais.

SUGESTÃO DE ROTEIRO: visita na Marqués de Cáceres, almoço no Alameda, em Fuenmayor. Prove os vinhos no wine bar da Marqués de Murrieta.

33 TINTOMANÍACOS II – "DE AUTOR"

Aqui a minúscula Tritium brilha com El Largo, que reúne Tempranillo, Garnacha, Graciano e Mazuelo. A Marqués de Murrieta não quer ficar apenas ancorada em suas tradições e oferece o Dalmau, um vinho de pago de vinhedos centenários. Tempranillo, Graciano e a intrusa Cabernet Sauvignon entregam muita complexidade depois de 18 meses em barrica francesa.

SUGESTÃO DE ROTEIRO: visita na Tritium pela manhã. Almoço no Kabanova e degustação no wine bar da Marqués de Murrieta.

34 TINTOMANÍACOS III – VELHAS UVAS, NOVA EXPERIÊNCIAS

Na Campo Viejo, prove a série Cata Cero com garrafas de 500 ml de Maturana e Garnacha. A Tritium é muito conhecida pelo seu aromático Garnacha. Mas a surpresa mesmo fica por conta do El Largo, um 100% Graciano.

SUGESTÃO DE ROTEIRO: Campo Viejo pela manhã. Almoço no Cachetero, em Logroño. Visita na Tritium à tarde.

35 WHITELOVERS

Todas as vinícolas elaboram brancos. Mas único mesmo é o Dualis, da Tritium. Assemblage de Tempranillo Blanca e Garnacha Blanca. Esse foi para a mala. Dos brancos barricados clássicos, sem dúvida o Capellanía da Marqués de Murrieta merece estar entre os Top 10 do guia.

SUGESTÃO DE ROTEIRO:
degustação na Tritium.
Almoço no Ikaro, em Logroño.
Degustação no wine bar da
Marqués de Murrieta.

36 RIOJA É ROSA

O Primer Rosé da Marqués de
Murrieta é um 100% Mazuelo
que vale a compra só pela garrafa.
Na Marqués de Cáceres são dois
rótulos completamente distintos,
que poderão dar conta da entrada
e do prato principal de um
almoço especial com os amigos.

SUGESTÃO DE ROTEIRO: visita na
Marqués de Cáceres pela manhã.
Almoço na Marqués de Murrieta.

37 NATUREZA

Para respirar ar puro e encontrar
vinhedos por todos os ângulos.

SUGESTÃO DE ROTEIRO: Campo
Viejo pela manhã. Almoço em
Logroño no El Rincón de Alberto.
Hospedagem, visita e jantar na
Finca de los Arandinos.

38 COMPRAS

A Campo Viejo "esconde" a
linha Félix Azpilicueta, de vinhos
produzidos em menor escala e
mais autorais. Vale a compra
do Gran Reserva, do Colección
Privada e do Blanco. Na linha
Campo Viejo, Dominio é o rótulo
a ser comprado. O Gran Reserva é
o mais barato do guia. Na Marqués
de Cáceres, a variedade é enorme.
Desde os clássicos Crianza, Reserva
e Gran Reserva, ao vinho de
autor Gaudium, além de brancos,
rosados e edições limitadas.

SUGESTÃO DE ROTEIRO: visita na
Campo Viejo pela manhã. Almoço
no Pan y Vino, em Logroño.
Maqués de Cáceres pela tarde.

39 "LOGO ALI"

Viña Real, Contino, Valdemar
e Faustino fazem parte da Rioja
Alavesa, mas estão mais perto de
Logroño do que de Laguardia.
Assim, não tem problema se você
cruzar o Ebro escondido para
o outro capítulo para fazer seu
roteiro.

SUGESTÃO DE ROTEIRO: Valdemar
pela manhã. Almoço em
Laguardia no Amelibia se tiver
mais tempo, ou no La Huerta
Vieja, para uma refeição mais
rápida. Visita à tarde na Faustino.

ONDE COMER E FICAR

COMER

DENTRO DAS VINÍCOLAS

🍴🍴🍴 *Restaurante Marqués de Murrieta (cozinha de autor). Vinícola Marqués de Murrieta. Tel. (34) 941 271 380. Segunda a sábado, das 9:30 às 16:30h. Fechado de 26 de julho a 25 de agosto.* Experiência gastronômica inesquecível. Entradas: creme de avocado com tomate e menta, seguido por uma lagosta da Noruega grelhada com bacon, azeite, laranja e shoyu (harmonizados com o Capellanía). O Marqués de Murrieta Reserva acompanhou o bacalhau ao molho Pil Pil, pimenta, maçã e cebola

doce. A vitela grelhada com batatas gratinadas e aspargos foi servida com o Marqués de Murrieta Gran Reserva, que também "conversou" com os queijos e geleias que antecederam a sobremesa.

❶❶❶ Tierra (contemporânea). *Vinícola Finca de los Arandinos. Tel. (34) 941 446 126. Almoço: diariamente, das 13:30 às 15:30h. Jantar: domingo à quinta, das 20:30 às 22h; sexta e sábado, das 20:30 às 22:30h.*
Como o hotel é um pouco afastado, jantar no restaurante do hotel era a decisão mais óbvia. Fomos surpreendidos. São vários menus para satisfazer aos que querem comer mais ou menos, pagar mais ou menos. Tudo maravilhoso: salada, bacalhau, magret de pato e sobremesas. Preço justo pelo que recebemos.

FORA DAS VINÍCOLAS

Ikaro ♥ (cozinha de autor). *Av. Portugal, 3 bajo – Logroño. Tel. (34) 941 571 614. Quarta a domingo, das 13:45 às 15:30h; quinta a sábado, das 21 às 22:30h.*
Alta gastronomia, com técnica e personalidade. Ambiente chic e despojado. Menu Ikaro para o almoço é a sugestão. A apresentação dos passos é maravilhosa e surpreendente. Barato pela experiência. Depois é passear pelas ruas de Logroño e deixar o tempo fazer o seu trabalho.

La Cocina de Ramón ♥ (mediterrânea, espanhola). *Calle Portales, 30 – Logroño. Tel. (34) 941 289 808. Almoço: segunda a sábado, das 13:30 às 16h. Jantar: segunda, terça, quinta, sexta e sábado, das 20:30 às 23h.*
Tudo fresquinho, comprado diariamente no mercado próximo. Menu executivo e outras opções. O Atún rojo en tataki estava divino.

Kabanova ♥ (cozinha de autor). *Av. Portugal, 23 – Logroño. Tel. (34) 941 212 995. Almoço: quarta à segunda, das 13 às 15:30h.*

ONDE COMER E FICAR

Jantar: quinta a sábado, das 20:30 às 22:45h.
Menu degustação, menu executivo e à la carte. Adorei esta flexibilidade, pois se encaixa no tempo e no bolso de qualquer viajante. A repetir!

Pan Y Vino ♥ ***(asador, tradicional).*** *Av. Portugal, 23 – Logroño. Tel. (34) 941 210 426. Terça a sábado, das 13 às 16h e das 20 às 23:30h; domingo, das 13 às 16h.*
Entradas, carnes, verduras...tudo muito bom. E o magret de pato estava sensacional. Preços adequados à comida e ao ambiente.

El Rincón de Alberto ♥ ***(mediterrânea, espanhola).*** *Calle de San Agustin, 3 - Logroño. Tel. (34) 666 910 907. Diariamente, das 13 às 15:30h e das 21 à meia-noite.*
Aspargos, filé com pimentos e papas fritas? Croquetas? Peixes? Bom atendimento e preços justos? Sim.

Cachetero ♥ ***(autor, espanhola).*** *Calle Laurel, 3 - Logroño. Tel. (34) 941 228 463. Terça a sábado, das 13:30 às 15:45h e das 21 às 22:45h.*
As entradas, irresistíveis, foram quatro. Café e a conta. Voltarei para os pratos principais.

Taberna Herrerias ℝ ***(espanhola).*** *Calle Herrerias, 24 - Logroño. Tel. (34) 941 241 001. Segunda a sábado, das 10 às 17:30h e das 20 à meia-noite.*
Um casarão antigo abriga esta outra opção para quem está "de bobeira" pelo casco antiguo de Logroño. Que chuleta! Ótima carta de vinhos.

La Galería ℝ ***(mediterrânea, espanhola).*** *Calle Saturnino Ulargui, 5 - Logroño. Tel. (34) 941 207 366. Segunda a sábado, das 13:30 às 16h e das 21 às 23h.*
Outro menu degustação recomendado a preços justos. Bom serviço.

Alameda ® (asador, espanhola). *Plaza Félix Azpilicueta, 1 - Fuenmayor. Tel. (34) 941 450 044. Terça a sábado, das 13 às 16h e das 20 às 23h; domingo, das 13 às 16h.*
Entrar e sair de Logroño para comer pode ser perda de tempo dependendo de seu roteiro. Este restaurante é ideal para quem visita a Marqués de Cáceres e a Tritium. Comida, serviço e ambiente excelentes.

PINTXOS OU TAPAS?

Logroño seria uma capital de província como outra qualquer se não fosse por duas ruas estreitas que nem carro passa. São elas a Calles Laurel e San Juan. Inverno ou verão, faça chuva ou faça sol, elas são o coração da noite da cidade. São dezenas de bares que fazem da cidade a "capital interplanetária basca-espanhola dos pintxos e tapas". Aqui algumas recomendações provadas e comprovadas:

Calle San juan
• Tastavin - tataki de atún
• Torres Gastrobar – bacalao con cebolla, mostaza y miel
• Cervecería Gambinus - calabacín relleno de hongos y foie
• La Cueva del Champiñón - champiñón y brocheta de sepia
• In Vino Veritas - gratinado de solomillo de cerdo com calabacín, berenjena y queso
• Samaray - huevos de codorniz
• La Travesía - tortilla de patata

Calle Laurel
• Jubera - patatas bravas
• Pata negra – bocatita de jamón con queso fundido
• Donosti – boletus a la plancha
• La Casita – brocheta de pulpo y langostino
• Laurus – bacalao y langostinos en tenpura
• La chatilla – bocatín de rabo de toro
• Tal cual – rollito crujiente
• El Mexicano – burrito dulce

ONDE
COMER E FICAR

FICAR

DENTRO DAS VINÍCOLAS

Finca de los Arandinos ♥. *Carretera LR-137, km 4,6 – Estrena. Tel. (34) 941 446 126*
Que tal conhecer a pequena vinícola às 19h para abrir o apetite, depois de duas horas relaxando no spa após um dia duro trabalhando como um turista? O hotel é moderno até demais - o chuveiro fica dentro do armário (rs) – mas a vista é linda. Jante aqui também.

FORA DAS VINÍCOLAS

Em Logroño, o melhor é ficar próximo ao Casco Antiguo de modo que você possa ir e voltar a pé.

Hotel Calle Mayor ♥. *Marqués de San Nicolás, 71- Logroño. Tel. (34) 941 232 368.*
Rua tranquila, com estacionamento em uma garagem a trinta metros. Quartos modernos, estilo clean. Ótima equipe. Café da manhã muito bom.

Eurostars Fuerte Ruavieja ♥. *Calle Ruavieja, 22 - Logroño. Tel. (34) 941 276 090.*
Nunca me hospedei em algum Eurostars que não tenha gostado muito. Em Logroño não foi diferente. Quartos amplos, academia e café da manhã excelentes. Equipe 100%.

F&G Logroño ♥ *Av. de Viana, 2-6 - Logroño. Tel. (34) 941 008 900.*
Ao lado do rio, estilo boutique. O saguão é bem bonito. Um hotel quatro estrelas com preço de três. Vale a pena!

Mercure Carlton *Gran Vía, 1 - Tel. (34) 941 242 100.*
Padrão de qualidade Mercure. Equipe atenciosa, bom café da manhã. Costuma ser um pouco mais barato que outros hotéis do mesmo nível na cidade.

NH Logroño Herencia Rioja. *Calle Marqués de Murrieta, 14 - Logroño. Tel. (34) 941 210 222.*
Academia, estacionamento, boa localização.

Gran Hotel AC La Rioja (Marriott). *Calle Madre de Dios, 21- Logroño. Tel. (34) 941 272 350.*
Fica a 20 minutos de caminhada do "crime" (calles Laurel e San Juan). Estacionamento interno, academia, bom café da manhã. É um hotel "ok", que cumpre bem o seu papel.

CAMPO VIEJO

www.campoviejo.com

FUNDAÇÃO *1959* VINHEDOS PRÓPRIOS *250 ha* PRODUÇÃO ANUAL *31 milhões de garrafas*

END. *Camino de Lapuebla, 50 - Logroño*
DISTÂNCIA DO CENTRO DE LOGROÑO *6 km*
VISITAS *visitas.campoviejo@pernod-ricard.com*
TEL. *(34) 941 279 900*
FUNCIONAMENTO *diariamente, visitas às 10, 12, 13 y 18h. Wine bar e loja: de segunda à sexta, das 9 às 14h*

A maior de todas

Pertencente ao grupo francês Pernod Ricard, é a maior vinícola de Rioja. São 4 mil hectares (a maioria de agricultores parceiros) controlados com muita tecnologia. Além de constantes análises químicas, utilizam drones para acompanhar a evolução das plantas ao longo do ano.

Localizada nos arredores de Logroño e próxima ao rio Ebro, a vinícola oferece um wine bar moderno com vista para os vinhedos e para a Sierra Cantabria. Degustando placidamente um Reserva acompanhado de embutidos, não nos damos conta que, a alguns metros de profundidade, há 327 tanques para encher a maior nave de crianza do mundo, com 60 mil barricas. Impressionante.

Para gerir tamanha complexidade, muita tecnologia e pessoal especializado. Como resultado, vinhos bons e muito bons. Todos bem baratos pela qualidade que entregam.

A visita foi bem conduzida, apesar do elevado número de visitantes nos fins de semana.

Vale conferir:

- *Azpilicueta Blanco.* 100% Viura. Nariz com muita maçã e um lampejo de abacaxi. Para tomar o dia todo.

- *Azpilicueta Crianza Origen.* Tempranillo 100%. Amplo no nariz, com amoras, mirtilo, ameixa e cereja dominando o primeiro impacto aromático, deixando as especiarias ao fundo.

- *Reserva.* Representa a essência de Rioja, com suas frutas negras e a baunilha do carvalho americano.

- *Dominio.* Vinho Premium da casa, envelhecido em carvalho francês novo por onze meses. Pimenta e alcaçuz no nariz. Carnoso, taninos redondos.

LOS ARANDINOS

www.fincadelosarandinos.com

FUNDAÇÃO *2007* **VINHEDOS PRÓPRIOS** *24 ha* **PRODUÇÃO ANUAL** *130 mil garrafas*

END. *Carretera LR-137, km 4,6 - Estrena*
DISTÂNCIA DE LOGROÑO *20,5 km*
VISITAS *welcome@fincadelosarandinos.com ou reservar no site*
TEL. *(34) 941 446 126*
FUNCIONAMENTO *Consultar site*

Visita noturna

Que tal um dia diferente em seu roteiro? Visite uma vinícola pela manhã, almoce onde desejar e venha hospedar-se na Finca de los Arandinos. Chegue no meio da tarde a tempo de relaxar um par de horas no spa. Visite a vinícola lá pelas 19h, antes do maravilhoso jantar que o espera no piso inferior. Existem vários pacotes disponíveis no site. Escolha o seu.

O projeto foi pensado para integrar hotel, bodega e restaurante em um só prédio.

Os quartos do hotel são uma surpresa (não vou contar). A visita é conduzida pelo Roberto, bodegueiro e um dos donos. Ele sabe tudo! Poderá ser bem técnica - peça para explicar o sistema de refrigeração e umidificação na sala de barricas - ou apenas divertida.

Os vinhos enchem a boca e não esvaziam o bolso. Maceração pré-fermentativa a frio e predominância de barricas francesas. Degustação profissional e informal ao mesmo tempo, com aquele jeitão familiar.

Vale conferir:

- Viero. Um super Viura! Pera, algum abacaxi e flores brancas. Encorpado, fruto da fermentação com cacho e tudo. Acidez presente, gastronômico. Harmoniza com a papada em lata, a base de Jamón, servida no restaurante. Prove.

- El Conjuro. Top de la casa. Edição limitada. Un vino de finca. Ecológico. Tempranillo e Garnacha. 100% fermentado em barricas de 500 litros.

- El Tejar. Tempranillo 100%. Um vinho premium para o dia a dia.

- A vinícola faz um ice wine quando a natureza permite.

MARQUÉS DE CÁCERES

www.marquesdecaceres.com

FUNDAÇÃO *1970* **VINHEDOS PRÓPRIOS** *125 ha* **PRODUÇÃO ANUAL** *7,2 milhões de garrafas*

END. *Avenida de Fuenmayor, 11 - Cenicero*
DISTÂNCIA DE LOGROÑO *20,3 km*
VISITAS *reservas@marquesdecaceres.com*
TEL. *(34) 941 454 744 e 626 653 782*
FUNCIONAMENTO *segunda à sexta, às 11 e 16h; sábado, às 11, 13 e 16h. Domingo, às 11 e 13h*

Espíritu familiar

Enrique Forner decidiu sair do país em função da guerra civil e se instalou em Bordeaux onde adquiriu alguns châteaux. Em 1968 decide retornar e trouxe Émile Peynaud, professor da Universidade de Bordeaux, considerado o pai dos enólogos. Juntos encontraram em Cenicero o terreno onde a bodega foi construída em 1970. Ninguém que caminha pela pequena cidade imagina que há mais de 280 calados embaixo das ruas e casas.

Enrique decide mudar a maneira como o vinho de Rioja era feito. Substitui o carvalho americano pelo francês (que faz vinhos mais finos e elegantes) e diminui o tempo de crianza, para que os vinhos sejam mais frutados, aromáticos e menos amadeirados como era a tradição.

Um dos destaques da visita é a passagem pela gigante linha de engarrafamento, etapa que normalmente é pulada na maioria das vinícolas. Também há exposições de fotos e equipamentos relativos à fabricação de garrafas, barricas e rolhas. O tour se encerra com a exibição de um vídeo que narra todos os processos, desde a colheita à elaboração. Muito didático.

A degustação é conduzida em espaço dedicado ao lado da loja, onde há 16 rótulos a serem provados. Prepare a mala!

Vale conferir:

- Gran Reserva. Lácteo, só passa em carvalho francês. Equilíbrio entre fruta e madeira. Muito agradável de beber.

- M.C. Escuro, azulado. 100% Tempranillo. Não é filtrado nem clarificado. Aroma de frutas, delicado em boca.

- Gaudium. De vinhedos de até 140 anos! Apenas 3 toneladas por hectare. Redondo, equilibrado. Aromas a chocolate, alcaçuz, couro, defumado.

MARQUÉS DE MURRIETA

www.marquesdemurrieta.com

FUNDAÇÃO *1852*   **VINHEDOS PRÓPRIOS** *300 ha*   **PRODUÇÃO ANUAL** *1 milhão de garrafas*

END. *Carretera N-232a, Km 402,3 - Logroño*
DISTÂNCIA DO CENTRO DE LOGROÑO *6,1 km*
VISITAS *visitas@marquesdemurrieta.com*
TEL. *(34) 941 271 380 e 941 271 374*
FUNCIONAMENTO *segunda a sábado, das 9:30 às 16:30h. Nos meses de abril, maio, junho, setembro e outubro, aberto até às 18h. Fechado de fim de julho a fim de agosto (consulte no site)*

Sinta-se especial

A bodega mais antiga e sofisticada de Rioja. Aqui reina a exclusividade. Os grupos são íntimos e limitados. Sendo mais claro, somente 6 mil visitantes entrarão pelos portões da Finca Ygay a cada ano. Portanto, reserve com antecedência, mesmo que seja apenas para degustar no wine bar.

Só se elaboram vinhos Reserva que, sem pressa, decidem quando sair da barrica e quando acordar do sono na cave para encontrar seu destino em alguma mesa do planeta. Essa é a filosofia da família, cuja paixão dá vida aos vinhos e que sente orgulho de como cuidam de sua terra e de como elaboram seus rótulos.

A dedicação e o carinho são os mesmos, tanto para os vinhos como para os "hóspedes": a prioridade é oferecer a melhor experiência. Se você dispuser do tempo – a visita mais curta dura mais de duas horas - e do dinheiro, sugiro alguma das experiências gastronômicas criadas pelo chef exclusivo da vinícola.

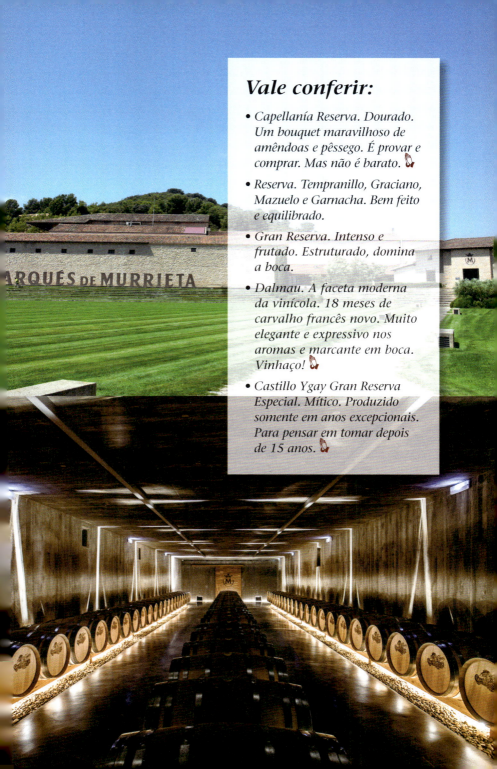

Vale conferir:

- *Capellanía Reserva. Dourado. Um bouquet maravilhoso de amêndoas e pêssego. É provar e comprar. Mas não é barato.*
- *Reserva. Tempranillo, Graciano, Mazuelo e Garnacha. Bem feito e equilibrado.*
- *Gran Reserva. Intenso e frutado. Estruturado, domina a boca.*
- *Dalmau. A faceta moderna da vinícola. 18 meses de carvalho francês novo. Muito elegante e expressivo nos aromas e marcante em boca. Vinhaço!*
- *Castillo Ygay Gran Reserva Especial. Mítico. Produzido somente em anos excepcionais. Para pensar em tomar depois de 15 anos.*

www.tritium.es

FUNDAÇÃO *2005*   VINHEDOS PRÓPRIOS *30 ha*   PRODUÇÃO ANUAL *90 mil garrafas*

END. *Av. de la libertad, 9 - Cenicero*
DISTÂNCIA DE LOGROÑO *21,4 km*
VISITAS *reservar no próprio site*
TEL. *(34) 629 152 822 e 627 410 801*
FUNCIONAMENTO *Diariamente. Visitas às 11, 13 e 17:30h*

"Somos diferentes"

Fernando e Javier, filhos de agricultores, vendiam suas uvas por receio de não conseguirem competir com as grandes bodegas. Mas em 2005, não resistem e decidem apostar na diferenciação, elaborando 11 vinhos, sendo alguns deles muito especiais. Encontraram uma bodega do século XV camuflada em meio ao casario de Cenicero e abandonada desde a década de 1950. Neste laboratório são produzidas 15 mil das mais exclusivas garrafas de Rioja, oriundas de vinhedos de até 116 anos.

Vinhedos velhos têm pouco vigor, mas muita memória. Os tintos da Tritum são os únicos que provei na vida a não necessitar de malolática. "No necesitan, estan listos", insiste Fernando.

A visita standard deveria durar uma hora, mas dura outra. São previstos dois vinhos, mas se provam outros tantos, acompanhados por chorizo, pelo excelente azeite Tritium, azeitonas, pão e as histórias de Fernando, que vai percorrendo as instalações e falando de seus novos experimentos. É possível também visitar os vinhedos, degustar direto das barricas e almoçar a partir de oito pessoas. Os vinhos são biodinâmicos (respeitam o calendário lunar etc) e 90% da produção é exportada.

Vale conferir:

- *Dualis*. Tempranillo Blanca y Garnacha Blanca. Único! Fermentado em barrica de Acácia. Cítrico, maçã verde e baunilha.

- *Garnacha 100%*. É o vinho mais conhecido da vinícola por ter sido a primeira a elaborar um 100% Garnacha. Vinhedos de 1903. 16 meses em barricas de 500 litros. Alcoólico, potente e feminino.

- *El Largo*. O 100% Graciano é exótico, complexo. Violeta, gerânio, pimenta branca e a mineralidade do grafite. Tudo em sintonia e imperceptíveis 15 graus alcoólicos. Surpreendente. Melhor Graciano da viagem.

- *El Largo 4 variedades*. Tempranillo, Garnacha, Graciano e Mazuelo juntas. Uma joia. Prepare a mala.

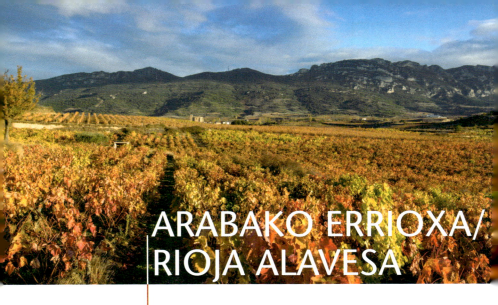

ARABAKO ERRIOXA/ RIOJA ALAVESA

É uma pequena parte do Euskadi (País Basco), que ocupa os dois lados da fronteira Franco-Espanhola. São pouco mais de 3 milhões de habitantes em uma área de cerca 20 mil km², mais ou menos do tamanho do estado de Sergipe. O País Basco Espanhol é composto por Navarra, cuja capital é Pamplona, e pela Comunidade Autônoma Basca (cuja capital é Vitoria-Gasteiz). Esta Comunidade é dividida, por sua vez, em três províncias: Álava (capital Vitoria-Gasteiz), Biscaia (capital Bilbao) e Guipúscoa (capital San Sebastián).

Aqui se fala o Euskera, uma das mais antigas línguas do mundo, de origem desconhecida. Mas o que interessa de toda essa história é que neste pedacinho de terra você tem a sua disposição mais de trinta restaurantes com estrelas Michelin (boa parte em San Sebastián e Bilbao) com preços inferiores a outros restaurantes do mesmo nível em outra paragens. De onde vem a arte culinária basca? De casa, ou mais precisamente do Txoko, uma espécie de segunda cozinha onde os bascos reúnem amigos e familiares em torno da comida.

Como se não bastasse a culinária, os vinhos são ainda mais delicados e perfumados que os elaborados do outro lado do Ebro. E a natureza é belíssima, com montanhas, muito verde e vinhedos.

As cidadezinhas que valem estacionar o carro e caminhar sem destino são: Laguardia, Samaniego, Elciego e Villabuena de Álava ou Eskuernaga.

AMAREN	MARQUÉS DE RISCAL
BAIGORRI	OSTATU
CAMPILLO	PALACIO
CASA PRIMICIA	REMÍREZ DE GANUZA
CONTINO	SOLAR VIEJO
EGUREN UGARTE	VALDEMAR
FAUSTINO	VALSERRANO
IZADI	VIÑA REAL
LUIS ALEGRE	YSIOS
LUIS CAÑAS	

VINHO POR UM DIA

adquira o Viña del Olivo. A Remírez de Ganuza elabora meticulosamente seus caldos de forma inovadora e pragmática. Geralmente Reserva e Gran Reserva não são provados na visita. Mas pode comprar de olhos fechados, pois estarão entre os melhores de sua adega.

SUGESTÃO DE ROTEIRO: Remírez de Ganuza pela manhã. Bodegas Palacio ao meio-dia (único horário). Almoço no Martín Cendoya e visita na Contino se você ainda tiver pique.

40 TINTOMANÍACOS I – SUPER TINTOS

Depois de uma visita bem técnica, somente uma degustação profissional para domar o Cosme Palacio 1894 e seus vinhedos de Tempranillo de mais de 70 anos. Na Contino, prove e

41 TINTOMANÍACOS II – CONTEMPORÂNEOS

A Luis Alegre tem uma coleção "grandes vinos de pequeñas fincas". Pontac e Finca La Reñana Reserva Selección Especial são meus preferidos. A Izadi elabora o Regalo (muito barato) e vende também dois rótulos maravilhosos do novo projeto do grupo Artevino: Orben e Malpuesto.

SUGESTÃO DE ROTEIRO: visita na Izadi e almoço na Luis Alegre.

42 TINTOMANÍACOS III – "DE AUTOR"

A pequena Ostatu elabora o Gloria a partir de vinhedos muito antigos, enquanto o Laderas vem dos vinhedos mais altos. Logo em frente, a Baigorri, produz o B70 e o De Garage, que são a nova cara da Rioja Alavesa.

SUGESTÃO DE ROTEIRO: visita na Baigorri. Almoço em Páganos, no Héctor Uribe. Degustação na Ostatu.

43 TINTOMANÍACOS IV – COMO MANDA A TRADIÇÃO

Não há nada mais tradicional que a garrafa emblemática do Faustino I, o Gran Reserva que é a cara da Espanha. O Faustino Reserva Especial Icon Edition também vale a compra. Na Luis Cañas, meus preferidos são Selección de la Familia e Gran Reserva. Na Marqués de Riscal, prove o Gran Reserva, o Barón de Chirel e o Reserva 150 Aniversario.

SUGESTÃO DE ROTEIRO: Faustino pela manhã. Almoço na Marqués de Riscal e fim de tarde na Luis Cañas. As três visitas são excelentes e bem distintas.

VINHO POR UM DIA

Garnatxa, Mazuelo, Graciano, Tempranillo – para reunir os amigos e descobrir as diferenças entre cada variedade. Qual será seu preferido?

SUGESTÃO DE ROTEIRO: degustação na Valserrano pela manhã. Almoço no Amelibia em Laguardia. Visita na Casa Primicia.

45 WHITELOVERS I – COM CARVALHO, POR FAVOR

A Valserrano produz um raro Gran Reserva Blanco, apenas para bebedores sofisticados. O Cosme Palacio 1894 estagia em barricas de 500 litros e é massageado com battônages semanais. E o Marqués de Riscal Limousin é extraído de vinhedos de Verdejo de mais de quarenta anos.

SUGESTÃO DE ROTEIRO: degustação na Valserrano pela

44 TINTOMANÍACOS V – VELHAS UVAS, NOVA EXPERIÊNCIAS

A Tempranillo vem perdendo lentamente sua supremacia. A Valserrano produz varietais de Graciano e Mazuelo. Mas na Casa Primicia você poderá comprar um varietal de cada -

manhã. Visita na Bodegas Palacio. Almoço no Batzoki e degustação no wine bar da Marqués de Riscal.

46 WHITELOVERS II – UVAS RARAS, RARAS SENSAÇÕES
A Izadi produz um raríssimo 100% Garnatxa Blanca. Na Valdemar, você também poderá comprar o não menos raro

VINHO POR UM DIA

100% Tempranillo Blanco. E na Baigorri, para contrastar, prove o Granbazán Etiqueta Ambar, um 100% Albariño da D.O. de Rias Baixas, na Galicia.

SUGESTÃO DE ROTEIRO: degustação na Valdemar, almoço na Baigorri e visita na Izadi à tarde.

47 A RIOJA É ROSA
Nada como a aromática e delicada Garnatxa para gerar rosados impressionantes.

SUGESTÃO DE ROTEIRO: Valdemar pela manhã. Pintxos em Laguardia e visita na Campillo à tarde.

48 CRIANÇAS
A Valdemar oferece a atividade infantil "Em busca das uvas mágicas".

SUGESTÃO DE ROTEIRO: visita na Valdemar pela manhã. Almoço no espaço Villa Lucía, com direito à cinema 4D e outras atividades.

49 ESBARRE COM O DONO
É sempre uma experiência única quando se esbarra com o dono. Geralmente a conversa rende muitos ensinamentos e, quem sabe, você acaba por provar algum vinho especial.

SUGESTÃO DE ROTEIRO: Amaren pela manhã. Almoço no Viura e degustação na Ostatu.

50 NATUREZA
Hospedar-se na Eguren Ugarte é obrigatório. A vista dos

vinhedos é indescritível. Na Solar Viejo você pode agendar um almoço com vista para a Sierra Cantabria. E a Luis Cañas oferece a visita El Mirador, onde a degustação acontece em uma sala maravilhosa em frente aos vinhedos.

SUGESTÃO DE ROTEIRO: Luis Cañas pela manhã. Almoço na Solar Viejo. Hospedagem na Eguren Ugarte.

51 HISTÓRICO

Na emblemática Marqués de Riscal, fundada em 1858, a visita percorre todos os edifícios, dos mais antigos aos atuais. A Casa Primicia tem seu centro de visitantes instalado no edifício civil mais antigo de Laguardia, construído em 1050.

SUGESTÃO DE ROTEIRO: visita na Marqués de Riscal pela manhã. Almoço no Restaurante Gastronómico da vinícola. Visita na Casa Primicia à tarde.

52 ARQUITETURA

Projetada por Santiago Calatrava, a Ysios é a mais impressionante vinícola da Espanha do ponto de vista arquitetônico. Visitá-la é como passear dentro de uma obra de arte. Na Viña Real, temos arquitetura por fora e engenharia por dentro, com a maior grua que já vi em vinícolas. E na Campillo, a beleza está por todos os lados.

SUGESTÃO DE ROTEIRO: Viña Real e Campillo pela manhã. Almoço no restaurante La Huerta Vieja. Visita na Ysios à tarde.

53 COMPRAS

Valserrano pela variedade, Faustino pela linha clássica e Izadi por sua excepcional relação custo-benefício.

SUGESTÃO DE ROTEIRO: Faustino pela manhã. Almoço no restaurante Amelibia. Valserrano e Izadi à tarde.

ONDE COMER E FICAR

COMER

DENTRO DAS VINÍCOLAS

🍴 🍴 ***Restaurante Gastronómico Marqués de Riscal (cozinha de autor).*** *Vinícola Marqués de Riscal. Tel. (34) 945 180 880. Almoço, de quarta a domingo, das 13:30 às 15h. Jantar, diariamente, das 20 às 22h.*
Menu degustação para os amantes do Guia Michelin. Serviço impecável. As ideias (pratos) não decepcionam. A brincadeira dura até três horas e não sai caro considerando-se qualidade, quantidade, serviço e ambiente.

🍴 🍴 ***1860 Tradición (espanhola).*** *Vinícola Marqués de Riscal. Tel. (34) 945 180 880. Diariamente, das 13:30 às 15:30h e das 20 às 22h.*
A releitura dos clássicos espanhóis, mas perdendo um pouco da rusticidade. Menu degustação ou à la carte. E o melhor: é possível provar

todos os vinhos por taça. Excelente serviço de sommellier. Quando o tempo ajuda, vale muito a pena almoçar na varanda com a bela vista de Elciego e as montanhas ao fundo.

🍴🍴 ***Martín Cendoya (tradicional).*** *Vinícola Eguren Ugarte. Tel. (34) 945 600 766. Diariamente, das 14h às 15:10h.*
Me senti quase espanhol no meio de tantas famílias almoçando no domingo. Já gostei quando o garçom nem me deu boa tarde e abriu uma garrafa de vinho tinto, outra de branco (sim, abriu as duas) e as deixou na mesa junto com uma de água. O menu tradicional bodega começa com champis ao alho e morcilla com tomate. Na sequência, patatas e pochas a la riojana. Chulletitas asadas al sarmiento com salada de principal. E tome vinho. A sobremesa basca (impronunciável) cumpriu seu papel. Ainda teve licor no final e café.

🍴🍴 ***Restaurante Panorámico by Beñat Ormaetxea (cozinha de autor).*** *Vinícola Luis Alegre. Tel. (34) 945 600 089. Quarta à segunda, das 13:30 às 15:30h.*
Encontramos a vista mais bonita da Sierra Cantabria! Uma maravilhosa surpresa escondida em Laguardia, nesta vinícola pouco conhecida. E tivemos a sorte de testemunhar o que se diz em todas as vinícolas sobre o papel da Serra no clima de Rioja Alavesa. De fato, as nuvens não passam do cume, que retém todo o frio que vem do Norte. Não sei o que estava melhor: o vinho, a comida ou a vista. Serviço perfeito. A repetir!

ONDE COMER E FICAR

Baigorri (espanhola). *Vinícola Baigorri. Tel. (34) 945 609 420 Diariamente, a partir das 13h.*
Esperava mais. O menu degustação (única opção) é simples e curto pelo preço. Ambiente, vinhos e serviço muito bons.

FORA DAS VINÍCOLAS

Zaldiaran ♥ ***(cozinha de vanguarda).*** *Av. Gasteiz, 21 – Vitoria-Gasteiz. Tel. (34) 945 134 822. Segunda, quarta e quinta, das 13 às 15:30h e das 20:30 às 23h; sexta e sábado, das 13 às 15:30h e das 21 às 23h. Domingo, das 13 às 15:30. Fechado às terças-feiras.*
Alta cozinha basca: melhor experiência do guia fora das vinícolas. Fundado em 1984, abrigou por 22 anos o Congresso de Cozinha de Autor. Ambiente elegante e moderno, serviço eficiente e amigável. Menu degustação ou à la carte. Carta de vinhos completa. O proprietário é dono das vinícolas Izadi e Finca Villacreces, ambas no guia. Sei que é um pouco distante de Laguardia, mas vale muito a pena conhecer a cidade e almoçar lá. Programe-se.

Viura ♥ ***(espanhola).*** *Hotel Viura. Calle Mayor, s/n – Villabuena de Álava. Tel. (34) 945 609 000. Segunda à sexta, das 13:30 às 15:30h e das 21 às 22:30h; domingo, das 13:30 às 15:30h.*
Odeio restaurantes que servem aqueles pães diferentes e quentinhos, com manteiga e azeite de primeira. Como resistir? Serviço e comida muito bons, com opções à la carte e menu degustação para os mais entusiasmados. Há também uma vinoteca e um bistrô. Ideal para quem está hospedado.

Villa-Lucía ♥ ***(asador, tradicional).*** *Carretera de Logroño, s/n - Laguardia Tel. (34) 945 600 032. Terça e quarta, das 9 às 20h; quinta e domingo, das 10 às 20h. Sexta e sábado, das 10 à 1h.*

ONDE COMER E FICAR

Espaço versátil, com restaurante, cinema 4D, loja de vinhos e produtos locais. Também são oferecidos, curso de degustação, visita ao vinhedo e aulas de culinária. Para quem viaja com os pequenos, sem dúvida é o melhor local para almoçar na região.

Amelibia **R** *(espanhola, autor). Calle La Barbacana Errepidea, 14 - Laguardia. Tel. (34) 945 621 207. Quarta à segunda, das 13 às 15:30h; sexta e sábado, das 21 às 22:30h. Fechado às terças-feiras.* Restaurante mais recomendado pelas vinícolas. Familiar com um toque moderno e jovem, mas ancorado nos clássicos espanhóis, como rabada, bacalhau e cortes de porco. Ambiente agradável.

Héctor Oribe **R** *(cozinha de autor). Calle Gasteiz, 5 – Páganos. Tel. (34) 945 600 715. Terça a domingo, das 13:15 às 15:30h.* Héctor Oribe foi criado nos restaurantes de primeiro nível do país basco, e está instalado desde 2000 na pequenina Páganos, pertinho de Laguardia. Sua culinária é criativa e honesta, relendo os clássicos como bacalhau, rabada e cortes de boi e de porco. Vale exagerar: entrada(s), principal e sobremesa. Reserve com antecedência, pois é concorridíssimo.

Batzoki **R** *(contemporânea). Calle Mayor, 22 – Laguardia. Tel. (34) 945 600 192. Segunda à sexta, das 8 até o último cliente do almoço, e das 19:30 ao último cliente; sábado e domingo, das 8 até o último cliente da noite.* Pintxos para abrir o apetite enquanto escolhemos. Salmonejo, merluza, chuletillas...tudo vale a pena. Bom serviço e rápido. Preço justo. Um coringa em Laguardia pelos horários estendidos.

Bar Velar **R** *(pintxos). Calle Santa Engracia, 37 – Laguardia. Tel. (34) 665 650 959. Segunda à quinta e domingo, das 8:30 às 23h; sexta e sábado, das 8:30 à meia-noite.*

Maior variedade de pintxos da cidade, o Velar é ponto de encontro de todas as idades. Fundado em 1940, desafia os novos tempos com os sabores de sempre. Também serve o menu do dia a preços módicos.

Ansan Irish Tavern Pub **R** ***(pintxos).*** *Calle Páganos, 60 - Laguardia. Tel. (34) 945 600 609. Segunda à sexta, das 9 às 2h; sábado e domingo, das 10 às 4h.*
Apesar da ampla variedade de vinhos por taça, eu fui de cerveja e hamburguer!

Los Parajes (espanhola, mediterrânea). *Hospedería de Los Parajes. Calle Mayor, 46-48 - Laguardia. Tel. (34) 945 621 130. Diariamente, das 13 às 16h e das 20 às 23h.*
Serve os clássicos da culinária local em um ambiente pitoresco, no calado abaixo do hotel. Não é barato, mas a experiência é boa.

La Huerta Vieja (tradicional, espanhola). *Carretera de La Hoya, s/n – Laguardia. Tel. (34) 945 600 203. Segunda a sábado, a partir das 9h; domingo, das 9 às 15h.*
Presença maciça dos locais. O grande salão é (quase) garantia de um lugar para quem não reservou, mas acompanha o alegre ruído dos espanhóis. Localizado fora da cidade, tem a vantagem do estacionamento e da proximidade das vinícolas.

La Muralla (espanhola, tradicional). *Calle Páganos, 42 - Laguardia. Tel. (34) 945 600 198. Diariamente, das 13 às 17h e das 19:30 às 23h.*
Melhor custo benefício da vila. Comida caseira, simples e saborosa. Para que mais?

Hiruko (pintxos). *Calle Santa Engracia, 41, esquina com Plaza Mayor - Laguardia. Tel. (34) 945 600 644. Terça a domingo, das 9 às 3h.*
Outra boa escolha para quem procura beber vinho, conversar e comer pintxos o dia todo.

ONDE COMER E FICAR

FICAR

DENTRO DAS VINÍCOLAS

Eguren Ugarte ♥. *Carretera A-124, km 61 – Páganos. Tel.(34) 941 690 100.*
Melhor sugestão na Rioja Alavesa. Excelente localização, entre Laguardia e Samaniego. Quartos modernos e bem equipados, possui dois restaurantes, trilha para caminhada, jardins, vistas lindíssimas e a visita à bodega é grátis. O café da manhã não é ruim, mas poderia ser melhor.

Marqués de Riscal ♥. *Calle Torrea, 1 - Elciego. Tel. (34) 945 180 888.*
Hotel mundialmente famoso por sua arquitetura. É muito bom. Dispõe de spa, dois restaurantes e os hóspedes não pagam a visita à vinícola. Quartos enormes e tudo de primeira. Café da manhã espetacular. Valeu a experiência, mas poderia ser 30% mais barato.

ONDE COMER E FICAR

FORA DAS VINÍCOLAS

Hotel Viura ♥. *Calle Mayor, s/n - Villabuena de Álava. Tel. (34) 945 609 000.*
Em estilo contemporâneo, o edifício surpreende. São 33 suítes cheias de charme e design. Jantar e café da manhã acima da expectativa. A vinoteca Casa de Diezmos foi uma grata surpresa, pois é o melhor local de toda Rioja pra conversar sobre vinho e provar rótulos mais artesanais e rebeldes. Hospedado aqui você poderá visitar três vinícolas a pé: Valserrano, Izadi e Luis Cañas. E outras muitas – acho que cada rua tem a sua (sem exagero). Dois dias para aproveitar, viver um pouco e socializar com os moradores de Villabuena.

Sercotel Villa de Laguardia Ⓡ. *Paseo San Raimundo, 15 – Laguardia. Tel. (34) 945 600 560.*
Com 84 acomodações, estacionamento, preço justo e boa localização, é um dos mais requisitados. O café da manhã é muito bom. Conta com spa, academia e um parquinho para as crianças. Recomendo.

Hotel Castillo El Collado Ⓡ. *Paseo El Collado, 1 - Laguardia. Tel. (34) 945 621 200.*
O edifício do século XI antes abrigava um castelo que foi convertido em hotel boutique. As dez suítes são bem grandes, confortáveis e com decoração refinada de época. Para ficar dentro da vila, é a minha escolha. As vistas da serra e dos vinhedos são belíssimas. Serviço e café da manhã surpreenderam.

Hospedería de Los Parajes Ⓡ. *Calle Mayor, 46-48 - Laguardia. Tel. (34) 945 621 130.*
Quartos bem espaçosos e bem decorados. Um pouco caro, mas é o custo de estar dentro de Laguardia. O restaurante é a recomendação para o jantar.

Posada Mayor de Migueloa. *Calle Mayor, 20 - Laguardia. Tel. (34) 647 212 947.*
Outra opção bem no centro da vila. O Mobiliário antigo harmoniza com o edifício de 300 anos. O hotel tem uma adega subterrânea que vale a pena visitar para entrar no clima. Preços mais em conta que os vizinhos.

Agroturismo Valdelana. *Puente de Barrihuelo, 67 - Elciego. Tel. (34) 647 212 947.*
A família Valdelana oferece gratuitamente visita ao museu do vinho da vinícola e degustação para os hóspedes. A impressão é de estar hospedado na casa de amigos. Tudo simples, familiar e decente.

RIOJA ALAVESA

AMAREN
www.bodegasamaren.com

FUNDAÇÃO *2009*   **VINHEDOS PRÓPRIOS** *65 ha*   **PRODUÇÃO ANUAL** *200 mil garrafas*

END. *Carretera de Villabuena de Álava, 3 - Samaniego*
DISTÂNCIA DO CENTRO DE LAGUARDIA *12,4 km*
VISITAS *info@bodegasamaren.com*
TEL. *(34) 945 175 240*
FUNCIONAMENTO *segunda a sábado, das 9 às 13h; visitas às 10:30 e 12:30h*

A vinícola da mãe

Amaren significa "da mãe" em basco. O nome homenageia Ángeles, mãe de Juan Luis Cañas, trabalhadora incansável que dedicou sua vida à família, aos trabalhos do campo e à bodega.

É uma vinícola boutique, quase um laboratório da Bodega Luis Cañas. Aqui a proposta enológica é mais moderna e experimental, com mais espaço para outras variedades, como a Garnatxa, antes mal-afamada, hoje cortejada por toda Rioja. Na fermentação, o concreto também é protagonista com tanques cônicos e ovais. No envelhecimento, a preferência é por utilizar mais barricas novas – inclusive de 500 litros – e carvalho francês em detrimento do americano. Todos os vinhedos são "maiores de 35 anos". O rendimento médio é de apenas 4 toneladas versus 6 toneladas no resto da região.

A visita começa com taça cheia: Amaren blanco fermentado en barrica. A atração principal é degustar monovarietais em suas barricas. Graciano, Garnatxa e Tempranillo. Poucas vinícolas oferecem esta chance!

Vale conferir:

- Crianza. Esqueça o Crianza típico. Este é mesclado com Garnatxa. Elegante, frutado, bem executado...e de graça!

- Ángeles de Amaren. Vinho emblema da casa, homenagem à matriarca. Tempranillo e Graciano. Tons defumados e chocolate ao final. !Perfecto este vino! Também de graça.

- Graciano. Vinhedo com mais de 60 anos. Uvas "ultra selecionadas". Bem vegetal, cheio de ervas como tomilho e alecrim. Fundo tostado e balsâmico. Taninos e acidez presentes de acordo com a tipicidade desta variedade. !Gracias sí!

BAIGORRI

www.bodegasbaigorri.com

FUNDAÇÃO 2012 **VINHEDOS PRÓPRIOS** 30 ha **PRODUÇÃO ANUAL** 500 mil garrafas

END. Carretera Vitoria-Logroño, km 53 - Samaniego
DISTÂNCIA DE LAGUARDIA 9,8 km
VISITAS mail@bodegasbaigorri.com
TEL. (34) 945 609 420
FUNCIONAMENTO terça a sábado, às 11 e 13h. Loja, de segunda à sexta, das 8 às 18h

Arquitetura a serviço do vinho

Vindo de Laguardia, avista-se apenas uma imensa caixa de cristal em meio aos vinhedos, sem notar a estrutura que ocupa sete andares ladeira abaixo. Este imenso espaço serve de recepção e de galeria para os artistas locais exporem suas obras. Mas o quadro mais apreciado pelos visitantes fica ao fundo e nunca foi retirado da exposição: são os vinhedos cortados pela estradinha que leva até Villabuena de Álava.

A Baigorri veio para romper tradições, desde a produção à comercialização. Se assemelha muito ao estilo do novo mundo: tecnologia, experimentação, instalações amplas e funcionais, foco no carvalho francês e muitos rótulos. Se não fossem as uvas e a paisagem inigualável de Samaniego, bem que a vinícola poderia estar encravada em rocha chilena ou californiana.

Uma vez elaborados, os vinhos são vendidos. Quem compra pode até guardá-los, mas todos os rótulos são versáteis e estão "prontos", já que a vinícola também rompe com a normativa do Conselho Regulador em seus vinhos autorais: barricas de várias origens e tamanhos, pelo tempo que o Senhor Vinho quiser, fugindo da rigidez e da mesmice dos Crianza, Reserva e Gran Reserva.

O tour inclui o almoço e a vinícola fica muito cheia aos sábados.

Vale conferir:

- Blanco Crianza. Feito com cuidado. Fermentado e envelhecido em carvalho francês. Excelente compra!

- Baigorri De Garage. Fermentado e envelhecido em carvalho francês por 30 meses. Clarificado com clara de ovo mesmo. Um vinhaço!

- Belus. 100% Mazuelo não filtrado e não clarificado. Untuoso e de final largo. Gastronômico por excelência.

- A surpresa do dia foi provar o Albariño Etiqueta Ambar da Bodegas Granbazán, de Rias Baixas – Galicia – pertencente à Baigorri. Fruta madura e acidez na medida certa. Comprei!

CAMPILLO

www.bodegascampillo.com

FUNDAÇÃO *1990* **VINHEDOS PRÓPRIOS** *150 ha* **PRODUÇÃO ANUAL** *1 milhão de garrafas*

END. *Carretera a Logroño, s/n - Laguardia*
DISTÂNCIA DO CENTRO DE LAGUARDIA *1,5 km*
VISITAS *visitas@grupofaustino.es*
TEL. *(34) 945 601 228 e 945 600 826*
FUNCIONAMENTO *segunda a sábado, das 10 às 18h*

Um château em Rioja

Uma das sete vinícolas do Grupo Faustino, é a mais bonita do guia. Rodeada por 50 hectares de vinhedos com a Sierra Cantabria ao fundo, é o sonho caprichoso de Julio Faustino materializado: vinho, arte e arquitetura, amalgamados em cinco andares. Tudo para produzir os melhores vinhos do grupo.

As instalações são majestosas, porém sóbrias. Sente-se o luxo, mas sempre acompanhado da arte e do bom gosto. O bottellero de 1,5 milhões de garrafas também é o mais impressionante e belo da viagem.

Além de visitar a vinícola, é obrigatório visitar a exposição de arte Campillo Creativo antes de decidir como a experiência terminará. Das opções oferecidas, a cata em 3 fases consiste em degustar em tanque, em barrica e o vinho já terminado na garrafa. Outra opção é a oficina de aromas. Mais divertida, nela sua capacidade olfativa será testada à medida que quatro vinhos são degustados.

Vale conferir:

- *Crianza. Agradável. Intensidade média. Boa acidez.*
- *Raro. Apenas 6 mil garrafas produzidas por ano. 100% Tempranillo Pelludo (existem apenas 12 hectares em toda Rioja). Uvas selecionadas baga a baga. 12 meses de carvalho francês e outros 13 em carvalho americano. Potente, suculento, quase cremoso. Especiarias doces junto à fruta madura. Comprei!*

CASA PRIMICIA
www.bodegascasaprimicia.com

FUNDAÇÃO *1973*   **VINHEDOS PRÓPRIOS** *72 ha*   **PRODUÇÃO ANUAL** *600 mil garrafas*

END. *Calle Páganos, 78 - Laguardia*
DISTÂNCIA DO CENTRO DE LAGUARDIA *350 metros*
VISITAS *info@casaprimicia.com*
TEL. *(34) 945 600 296 e 945 621 266*
FUNCIONAMENTO *terça à sexta, visitas às 11, 13 e 16h (julho e agosto também às 17:30h); sábado, às 11, 13, 16 e 17:30h. Domingo, às 11 e 13h*

Dentro das muralhas

É como se estivéssemos visitando ruínas em um museu, só que servem vinho no final. No século XV, o vinho era obtido através do método de maceração carbônica, isto é, fermentando os cachos completos com as leveduras das próprias uvas, à temperatura que se pudesse obter - de preferência acima dos 15 graus.

De 1.050, trata-se do edifício civil mais antigo de Laguardia. Em 1.420 foi comprado pela igreja e usado para arrecadar impostos, sendo um deles a Primicia. Como a maioria dos contribuintes pagava em uvas, a arquidiocese se viu obrigada a preparar as instalações para a produção de vinho. São vários lagares e andares, chegando a nove metros de profundidade.

A vinícola funcionou por cerca de quatro séculos, até 1836, quando durante a guerra civil o prédio foi tomado da igreja e vendido a particulares. Abandonado, foi comprado em 1973 e recuperado por Julian Madrid, viticultor da região. A produção seguiu neste mesmo edifício até 1983, quando a nova vinícola ficou pronta fora da cidade.

Vale conferir:

- *A melhor maneira de conhecer as diferenças entre as principais variedades tintas de Rioja – Tempranillo, Garnatxa, Graciano e Mazuelo - é comprar os quatro exemplares elaborados pela vinícola, reunir os amigos e desfrutar.*

- *Julian Madrid. 80% Tempranillo com 20% de Cabernet Sauvignon. Vinhedos de mais de 50 anos. 7 meses em barricas americanas e 13 em francesas. Cor viva e brilhante. Fruta madura no nariz e final longo. Comprei!*

- *O projeto Carravalseca é uma ótima sugestão para aqueles que amam vinhos ecológicos, aves e a natureza em geral.*

RIOJA ALAVESA

CONTINO
www.cvne.com

FUNDAÇÃO *1973*   **VINHEDOS PRÓPRIOS** *62 ha*   **PRODUÇÃO ANUAL** *500 mil garrafas*

END. *Finca San Rafael - Álava*
DISTÂNCIA DE LAGUARDIA *11,3 km*
VISITAS *Reservar diretamente no site ou visitas@cvne.com*
TEL. *(34) 941 304 809*
FUNCIONAMENTO *Loja e wine bar sob consulta*

Finca de vino

A mais exclusiva das três vinícolas do grupo CVNE, que já está em sua quinta geração. Contino, nos tempos do império, era o nome do oficial que comandava um grupo de até cem soldados. E um destes grupos ocupava justamente esta construção do século XVI onde foi instalada a vinícola. Rodeada por vinhedos, tem a mesma filosofia dos châteaux franceses, isto é, só utilizar uvas que podem ser avistadas desde a casa principal.

As instalações são rústicas, praticamente intocadas. Nesse ambiente se juntam história e tecnologia. Uvas colhidas e selecionadas à mão, vinificadas por parcela. Fermentação em aço e madeira. Malolática em concreto e madeira, e envelhecimento cuidadoso sob supervisão constante.

A produção é destinada apenas aos vinhos de alta gama. Se destacam os varietais de Graciano e Garnatxa (este último não degustado). Os vinhos afinam em suas garrafas – todas numeradas - sem pressa de viajar.

Vale conferir:

- Blanco. Elegância e untuosidade. Assemblage de Viura, Garnatxa Blanca e Malvasía. Aspargos, frutas secas. Envelhece em barrica de acácia.

- Reserva. Envelhece por dois anos em carvalho americano e francês, e outros dois afinando na garrafa. Cor rubi. Ameixa, menta e alcaçuz no nariz. Especial, vale o preço.

- Viña del Olivo. Especiarias e frutas combinadas. Estruturado e persistente. Vinhaço!

- Graciano. Talvez o melhor exemplar desta cepa no guia. Uma bomba de frutas vermelhas no nariz, encorpado, potente.

EGUREN UGARTE

www.egurenugarte.com e www.enoturismoegurenugarte.com

FUNDAÇÃO *1989*   **VINHEDOS PRÓPRIOS** *130 ha*   **PRODUÇÃO ANUAL** *2 milhões de garrafas*

END. *Carretera A-124, km 61 - Páganos*
DISTÂNCIA DO CENTRO DE LAGUARDIA *3,2 km*
VISITAS *reservas@egurenugarte.com*
TEL. *(34) 945 600 766*
FUNCIONAMENTO *diariamente, visitas às 10:30, 12, 13:30, 16:30h. No verão também às 18h.*

Pacote completo

A família Eguren está metida no vinho desde 1870. Atualmente a sexta geração comanda esta vinícola aos pés da Sierra Cantabria.

No complexo da vinícola, hotel, restaurantes, capela e trilhas. No subsolo, 2 km de cavernas escavadas por Vitorino Eguren durante seis anos. São cerca de 800 nichos para armazenamento de garrafas e 4 mil barricas.

Para desfrutar o pacote completo, recomendo fortemente hospedar-se no hotel, pois é muito bem localizado, tem um preço decente e uma vista de tirar o fôlego (hóspedes têm 10% de desconto na loja e não pagam a visita). No dia seguinte, faça a visita pela manhã e almoce no restaurante Martín Cendoya para desfrutar de uma autêntica refeição riojana.

Há muito vinhos para provar. Peça vinhos diferentes durante as refeições. A linha de cinco varietais – dois tintos e três brancos - é interessante. Se não for possível provar, compre uma garrafa de cada para comparar.

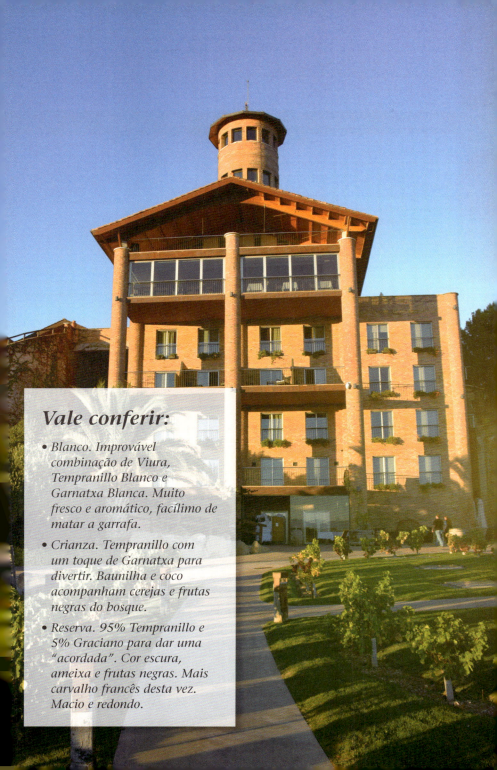

Vale conferir:

- *Blanco.* Improvável combinação de Viura, Tempranillo Blanco e Garnatxa Blanca. Muito fresco e aromático, facílimo de matar a garrafa.
- *Crianza.* Tempranillo com um toque de Garnatxa para divertir. Baunilha e coco acompanham cerejas e frutas negras do bosque.
- *Reserva.* 95% Tempranillo e 5% Graciano para dar uma "acordada". Cor escura, ameixa e frutas negras. Mais carvalho francês desta vez. Macio e redondo.

FAUSTINO

www.bodegasfaustino.com

FUNDAÇÃO 1861 **VINHEDOS PRÓPRIOS** 650 ha **PRODUÇÃO ANUAL** 8 milhões de garrafas

END. Carretera Logroño-Pamplona (N-111), s/n - Oion
DISTÂNCIA DE LAGUARDIA 18,3 km
VISITAS visitas@grupofaustino.es
TEL. (34) 945 601 228
FUNCIONAMENTO segunda à sexta, das 10 às 18h; sábado, das 10 às 15h

Mais de 150 anos de história

É quase impossível pensar em vinho espanhol e não se lembrar da garrafa com rótulo amarelo e o retrato do comerciante holandês pintado por Rembrandt. A garrafa, projeto de 1955, é única em todo mundo. Por décadas era coberta por uma resina especial cuja função principal era proteger o vinho da luz e diferenciar a garrafa nas lojas. Hoje em dia é pintada.

A vinícola é a primeira e maior do grupo, que conta com outras seis vinícolas (Campillo e Portia também estão no guia) e é comandado pela quarta geração.

As instalações primam pela limpeza e organização, marca registrada da família. Todos os vinhedos distam, no máximo, 10 km, como se pode observar no mapa que ocupa todo o piso da recepção do museu. O tour percorre as enormes instalações, que abrigam 40 mil barricas e milhões de garrafas em repouso horizontal, armadas manualmente, outra marca da família. Visita obrigatória para quem vai pela primeira vez à Rioja em função do museu e da história da vinícola.

Vale conferir:

- *Faustino V Reserva. Carinhoso, suave, todo mundo gosta. Frutas vermelhas e ótimo custo-benefício.*
- *Icon Edition (etiqueta negra). Intenso e complexo.*
- *É possível comprar "safras míticas" de Faustino I, cujos vinhos evoluíram de maneira especial - 1964, 1970, 1994, 2004 – além de provar por taça outros vinhos não oferecidos no tour.*

IZADI
www.izadi.com

FUNDAÇÃO *1987* **VINHEDOS PRÓPRIOS** *70 ha* **PRODUÇÃO ANUAL** *1 milhão de garrafas*

END. *Herrería Travesía II, 5 – Villabuena de Álava*
DISTÂNCIA DO CENTRO DE LAGUARDIA *12,8 km*
VISITAS *visitas@izadi.com*
TEL. *(34) 945 609 086*
FUNCIONAMENTO *segunda à sexta, visita às 12 e 16h; sábado e domingo, visita às 11 e 13h*

Cozinhando grandes vinhos

Gonzalo Antón, dono do estrelado restaurante Zaldiaran, em Vitoria-Gasteiz, reuniu amigos e empresários para elaborar vinhos que respeitem a natureza e valorizem a comida, sua paixão e profissão. E para cozinhar os melhores vinhos, os melhores ingredientes: solo pobre, sol abundante, a Sierra Cantabria que bloqueia o frio do norte e o Ebro.

O nome da vinícola não poderia ter sido melhor escolhido. Izadi significa natureza, em Euskera. A logomarca, um pequeno triângulo, representa o mapa da região onde se encontram os vinhedos, entre Samaniego, Ábalos e Villabuena, esta última com 300 habitantes e 40 vinícolas, incluindo-se a Izadi.

A bodega tem cinco andares, sendo o primeiro deles reservado à área social onde há salões para receber almoços e festivais de alta gastronomia. O percurso desce passando por cada etapa da elaboração até terminar na sala de barricas, onde os vinhos são degustados. Escolha a visita para provar El Regalo, o ícone da casa.

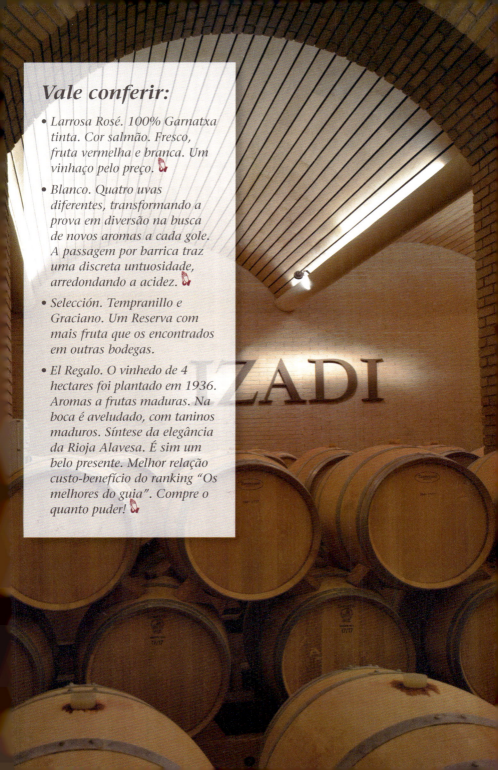

Vale conferir:

- Larrosa Rosé. 100% Garnatxa tinta. Cor salmão. Fresco, fruta vermelha e branca. Um vinhaço pelo preço.

- Blanco. Quatro uvas diferentes, transformando a prova em diversão na busca de novos aromas a cada gole. A passagem por barrica traz uma discreta untuosidade, arredondando a acidez.

- Selección. Tempranillo e Graciano. Um Reserva com mais fruta que os encontrados em outras bodegas.

- El Regalo. O vinhedo de 4 hectares foi plantado em 1936. Aromas a frutas maduras. Na boca é aveludado, com taninos maduros. Síntese da elegância da Rioja Alavesa. É sim um belo presente. Melhor relação custo-benefício do ranking "Os melhores do guia". Compre o quanto puder!

RIOJA ALAVESA

LUIS ALEGRE
www.luisalegre.com

FUNDAÇÃO *1968*   **VINHEDOS PRÓPRIOS** *55 ha*   **PRODUÇÃO ANUAL** *500 mil garrafas*

END. *Carretera de Navaridos, s/n – Laguardia*
DISTÂNCIA DO CENTRO DE LAGUARDIA *650 metros*
VISITAS *enoturismo@bodegasluisalegre.com*
TEL. *(34) 945 600 089 ou (34) 682 680 494*
FUNCIONAMENTO *diariamente, visitas às 11 e 12:45h*

Que vista!

Esqueça os outros restaurantes de Laguardia. Seu almoço será aqui e ponto final! Serviço impecável, menu degustação com sabor e a oportunidade de provar vários vinhos por taça. E a vista é indescritível.

Projeto familiar já com mais de 50 anos. Hoje em dia, Luis Alegre passa vez por outra apenas para aconselhar os mais jovens. A vinícola é bem funcional. Seu formato circular diminui as distâncias percorridas pelo vinho durante a elaboração, e seus quatro andares propiciam vinificar por gravidade. A mesa de seleção é montada no próprio vinhedo. Desta forma, todas as uvas que chegam à vinícola serão utilizadas no processo.

O que distingue esta vinícola da maioria é seu cuidado na elaboração. Os vinhos são "mimados". As barricas são escolhidas na origem, inclusive na Borgonha, com suas barricas de 228 litros, mais altas e menos espessas (o vinho respira diferente) que nas de Bordeaux.

Os vinhos são divididos em "grandes vinos de pequeñas fincas", que são os vinhos autorais, e os "los de siempre", que seguem o esperado em Rioja (Joven, Crianza e Reserva).

Vale conferir:

- *Viura sobre lías. Uma delícia. Elaboração caprichada, com bâttonage para aproveitar a sabedoria dos vinhedos de mais de 40 anos, que respondem com estrutura, volume e cremosidade. Melhor branco do guia pelo preço.*

- *Finca La Reñana Selección Especial. Elegante, fino. Canela e baunilha, lado a lado com frutas. 3.500 kg por hectare.*

- *Pontac. Vinhedo de 1920. Fermentação em madeira e estágio de 21 meses em barricas francesas novas escolhidas à la carte pelo enólogo na origem (pouquíssimas vinícolas têm esse cuidado).*

LUIS CAÑAS

www.luiscanas.com

FUNDAÇÃO 1970 **VINHEDOS PRÓPRIOS** 90 ha **PRODUÇÃO ANUAL** 2 milhões de garrafas

END. Carretera de Samaniego, 10 - Villabuena de Álava ou Eskuernaga
DISTÂNCIA DO CENTRO DE LAGUARDIA 6,9 km
VISITAS enoturismo@luiscanas.com
TEL. (34) 945 623 373
FUNCIONAMENTO segunda à quinta, das 8:30 às 17:30h; sexta e sábado, das 10:30 às 14h

Com a taça na mão

Que tal começar a visita acompanhado do blanco fermentado en barrica? Viura e Malvasía de vinhedos com mais de 60 anos passam 4 meses no carvalho em contato com suas borras recebendo bâttonage diariamente. Muito aromático. Cítricos e frutas tropicais explodem. Cremoso e estruturado em boca. "Ai se eu tivesse uma anchova gorda ou um salmão agora!" Barato pelo que é. Luis Cañas, já com mais de 90 anos, bate ponto diariamente para tomar vinho branco com azeitonas.

Em 1970 foi o primeiro do vilarejo a engarrafar seu próprio vinho, e em 1989 inovou novamente, sendo pioneiro no envelhecimento do vinho em carvalho. A família Cañas acredita que o vinho é feito no campo. Por isso, 90% do vinhedo é plantado em vaso, que só permite a colheita manual. Ainda são utilizadas mulas para arar parte das terras. Contudo, a bodega atual, construída em 1994, dispõe da tecnologia mais moderna. As uvas para todas as linhas (exceto a jovem) são triplamente selecionadas, sendo a última delas com a selecionadora ótica.

Escolha a visita El Mirador que dá direito a provar vinhos diretamente da barrica. Ou se estiver com pressa, apenas pare para provar e comprar.

Vale conferir:

- *Crianza.* Fácil de beber, mas com classe. Os 5% de Garnatxa trouxeram um certo frescor.

- *Reserva.* 20 meses em madeira. Frutado desde o primeiro segundo. Combina com tudo: carnes, massas, bacalhau e com boa conversa.

- *Selección de Família.* 85% Tempranillo e 15% Cabernet Sauvignon de quando era permitido plantar. Barricas novas francesas e americanas. Complexo e "comprido". Bota na mala.

- *Gran Reserva.* Diferente dos outros. No nariz, notas de fumo, café e frutas vermelhas. Redondo em boca. Delicioso. Com esse preço, duas garrafas vão conhecer o Brasil!

MARQUÉS DE RISCAL
www.marquesderiscal.com

FUNDAÇÃO *1858* **VINHEDOS PRÓPRIOS** *500 ha* **PRODUÇÃO ANUAL** *5 milhões de garrafas*

END. *Calle Torrea, 1 - Elciego*
DISTÂNCIA DO CENTRO DE LAGUARDIA *6,5 km*
VISITAS *reservations.marquesderiscal@marriott.com ou diretamente no site onde há indicação dos horários mais vazios*
TEL. *(34) 945 180 888*
FUNCIONAMENTO *segunda à sexta, das 10 às 19h; sábado e domingo, das 9:30 à 19h. São diversos horários. Reserve no site.*

O marqués dos marqueses

A cidade do vinho é um complexo de 10 mil m² que inclui vinícola, hotel e dois restaurantes. A visita é muito completa, passando pelos vinhedos e pelas várias bodegas, testemunhas da história e da expansão da empresa.

Os tempos modernos trouxeram tecnologia, como a seleção ótica das uvas e o uso de O.V.I.s. Mas aqui a tecnologia está a serviço da tradição espanhola de envelhecer e guardar vinhos até que estejam prontos para ir ao mercado. Todos os vinhos estagiam mais do que é exigido pelas normas – quem manda é o enólogo. Não são elaborados vinhos jovens, isto é, sem passagem por madeira. São 37 mil barricas, trasfegadas a cada três meses no primeiro ano, e a cada seis meses nos anos seguintes. Um trabalho artesanal e caro. Mas, graças a ele, os vinhos espanhóis lideram o meu ranking de melhor relação preço-qualidade contra todos os outros países.

A sugestão é fazer a visita standard e reservar um tempo para provar os melhores vinhos por taça no wine bar ou no restaurante, sobretudo se a viagem é a dois, pois uma taça é muito por pessoa. A loja é bem completa, cheia de acessórios e artigos com a marca da vinícola.

Vale conferir:

- *Finca Montico. Um Verdejo surpreendente. Vinhedos velhos e leveduras autóctones. Pera, pêssego e flores brancas.*
- *150 aniversario. Edição comemorativa. Não sei até quando estará disponível. Garanta logo a sua.*
- *Barón de Chirel. Um Reserva especialíssimo. Muitas especiarias, frutas negras e o carvalho bem presente. Vinhedos de mais de 80 anos.*

RIOJA ALAVESA

OSTATU
www.ostatu.com

FUNDAÇÃO *1984* **VINHEDOS PRÓPRIOS** *38 ha* **PRODUÇÃO ANUAL** *350 mil garrafas*

END. *Carretera Vitoria, 1 - Samaniego*
DISTÂNCIA DE LAGUARDIA *9,6 km*
VISITAS *comunicacion@ostatu.com*
TEL. *(34) 945 609 133 ou 688 641 322*
FUNCIONAMENTO *segunda a sábado, das 10 às 16h; domingo e feriados apenas para grupos de, no mínimo, seis pessoas.*

A editora de vinhos

Ostatu significa pousada em basco. O prédio é do século XVII e servia a esta finalidade à época. Esta família de viticultores se considera como uma editora: recebe o manuscrito (uva) e o melhora na editora (vinícola). O conceito faz todo sentido, isto é, editar as uvas para transferir a essência do terroir para os vinhos. Conseguiram!

Os vinhedos são próprios e boa parte já passou dos 50 anos. São mais de dez rótulos, divididos nas linhas clássica e de autor. Só se utiliza carvalho francês.

Como o foco desta editora são os livros (vinhos), sugiro aproveitar melhor o tempo lendo (degustando) ao invés de visitar a vinícola. As experiências são sempre privadas, com aquele toque familiar que faz o tempo passar mais devagar e deixa cada vinho ainda melhor. Ah, e os preços também são familiares: de pai para filho. Enfim, foi uma ótima oportunidade para conhecer mais da cultura basca.

Vale conferir:

- *Reserva.* Sol, sol e sol. Feito com extremo cuidado e muito barato.

- *Gran Reserva.* Nada clássico! Aqui é a fruta quem manda. Tempranillo e Graciano de mais de oitenta anos juntas para elaborar um vinho cheio de frescura e acidez.

- *Selección de Ostatu.* Fino e elegante. Malolática em carvalho. Influência atlântica. Custo-benefício incomparável.

- *Gloria de Ostatu.* Proveniente dos vinhedos mais velhos, com notas de torrefação e fruta madura. Carnoso, final longo. Comprei!

- *Lore.* Significa flor em basco. O lado cítrico da Viura e o dulçor da Malvasía, fermentados em barrica de 500 litros.

PALACIO

www.grupobodegaspalacio.es

FUNDAÇÃO 1894   **VINHEDOS PRÓPRIOS** 20 ha   **PRODUÇÃO ANUAL** 1,5 milhões de garrafas

END. Calle San Lázaro, 1 - Laguardia
DISTÂNCIA DO CENTRO DE LAGUARDIA 1,4 km
VISITAS rrpp@grupobodegaspalacio.es ou no próprio site
TEL. (34) 945 600 151 ou 945 600 057
FUNCIONAMENTO quarta a domingo, somente ao meio-dia

Aposta na essência

O empreendor Cosme Palacio foi a Bordeaux para estudar enologia no fim do século XIX. Até então, os vinhos riojanos eram produzidos fermentando os cachos completos em tanques de cimento e envelheciam em barricas praticamente inertes. A mudança foi radical: pouco rendimento por hectare, fermentações controladas, maceração longa e barricas novas. Mas a essência da Rioja, isto é, as uvas Tempranillo e Viura, está preservada até hoje: a vinícola só produz vinhos varietais.

A elaboração é esmerada e cheia de cuidados. Cerca de 150 barricas são trasfegadas diariamente para garantir vinhos limpos e vibrantes. Divididos em três linhas, têm em comum a modernidade e a longevidade. Vale conhecer todas, mas foque na linha Cosme Palacio.

A única visita do dia é exclusiva e para grupos pequenos. Requer antecedência na reserva e pontualidade na chegada. Para quem deseja aprender muito sobre o terroir da Rioja Alavesa e a filosofia de produção da vinícola. A degustação é conduzida por especialista em sala profissional, valorizando os detalhes de cada rótulo. Provavelmente serão suas melhores duas horas em solo espanhol.

Vale conferir:

- Cosme Palacio Crianza Tinto. Talvez o melhor do guia pelo preço!
- Come Palacio Crianza Blanco 2014. Frutas cítricas como lima e abacaxi. Flores brancas e uns tostados muito finos. Baratíssimo.
- Cosme Palacio 1894 Blanco. Fermentado em barricas de 500 litros e bâttonage semanal por sete meses. Mineral, flores secas, especiarias. Doce e fresco em boca. Melhor branco do guia!
- Cosme Palacio 1894 Tinto. Uvas de vinhedos centenários plantados em vaso. Muito harmônico, tudo no lugar: frutas vermelhas, taninos, acidez e o carvalho francês ao fundo. Maceração de 30 dias para extrair o máximo das uvas e garantir um final interminável. Apenas quatro mil garrafas produzidas quando a safra é excepcional.

REMÍREZ DE GANUZA

www.remirezdeganuza.com

FUNDAÇÃO 1989 **VINHEDOS PRÓPRIOS** 90 ha **PRODUÇÃO ANUAL** 180 mil garrafas

END. Calle Constituición, 1 - Samaniego
DISTÂNCIA DO CENTRO DE LAGUARDIA 9 km
VISITAS visitas@remirezdeganuza.com
TEL. (34) 945 609 022
FUNCIONAMENTO diariamente, às 10:30, 12:30 e 16h. No verão não há visita às 16h

O artista inquieto

Para aqueles que pensam que "visitaram uma vinícola, visitaram todas", sugiro conhecer essa aqui. Obsessão com limpeza e ordem que começa no vinhedo, onde ocorre a seleção dos cachos: só virão para a vinícola os que serão vinificados. Todas as tarefas são meticulosamente executadas para garantir a máxima precisão nos resultados. A seleção continua numa mesa especialmente projetada para limpar ao máximo as uvas - possui vários desníveis, e termina por separar os cachos em duas partes: ponta (para vinho jovem) e ombro (para Reservas). Segundo Fernando, as uvas dos ombros recebem mais sol e de maneira homogênea, apresentando um teor de açúcar maior que as da ponta. Aprendi mais uma.

Esta bodega boutique é um projeto pessoal de Fernando Remírez de Ganuza, que passou duas décadas comprando e vendendo vinhedos. Escolheu os melhores para executar seu sonho de produzir os melhores vinhos do mundo. Já que é para viver o sonho, por que não viver nele? Fernando comprou uma antiga vinícola no centro de Samaniego para viver e "inventar" seus vinhos especiais. A propósito, quantas vinícolas enviam seus vinhos aos clientes protegidos por manta térmica? Em quantas vinícolas todos os vinhos começam sua vida em barrica nova?

Vale conferir:

- Fincas de Ganuza Reserva. Elegância é a palavra que vem à mente no momento que provamos este vinho.
- Viña Coqueta Reserva. Concentração e fineza ao mesmo tempo.
- Compre às cegas Remírez de Ganuza Reserva e o Gran Reserva. Com boas chances, serão os melhores de sua adega.

SOLAR VIEJO

www.solarviejo.com e www.oruberioja.com

FUNDAÇÃO *1937* **VINHEDOS PRÓPRIOS** *20 ha* **PRODUÇÃO ANUAL** *3 milhões de garrafas*

END. *Camino de la Hoya, 3 - Laguardia*
DISTÂNCIA DO CENTRO DE LAGUARDIA *650 metros*
VISITAS *solarviejo@solarviejo.com*
TEL. *(34) 945 600 113*
FUNCIONAMENTO *segunda à sexta, visitas às 13 e 16h; wine bar das 11 às 14:30h. Sábado, às 11 e 13h*

La casa solarenga

Bandeira da gigante catalã Freixenet fincada em Rioja. Trabalha com viticultores parceiros para produzir vinhos corretos, fáceis de beber e vender. A bodega nasceu dentro de um calado subterrâneo de uma casa solarenga, isto é, que deixa a luz solar entrar.

A visita é bem profissional. Recebi uma verdadeira aula sobre o panorama vitivinícola espanhol, além de uma ótima comparação entre Rioja e Ribera, e entre as subzonas de Rioja.

As explicações sobre o processo de elaboração são acrescidas de informações sobre o ciclo vegetativo das plantas e fabricação de barricas e rolhas. Se o clima ajudar, escolha o tour que inclui visitar os vinhedos.

Outra opção (mais gostosa) é fazer a visita e almoçar chuletitas al sarmiento com vista para a Sierra Cantabria. Para tornar o momento inesquecível, escolha Orube Alta Expresión, um vinho atemporal como uma canção de Frank Sinatra, como o definem na vinícola.

Vale conferir:

- *Solar Viejo Tempranillo. Vinho jovem, isto é, não passa em madeira. Cor púrpura. Nariz cheio de morango, cereja e alcaçuz. Suave, fácil de beber e de pagar.*

- *Orube Crianza. Orube significa solar em basco. Mais elegante e moderno que os outros Crianza. 60% de carvalho francês. Frutas mais maduras ao fundo. Taninos redondos. Delicioso.*

- *Solar Viejo Reserva. Tempranillo com 10% de Graciano. Cor intensa e brilhante. Nariz cheio de especiarias, ameixas e passas. Final persistente. Pede comida!*

VALDEMAR

www.valdemar.es

FUNDAÇÃO 1889 **VINHEDOS PRÓPRIOS** 300 ha **PRODUÇÃO ANUAL** 2 milhões de garrafas

END. Camino Viejo de Logroño, 24 - Oion
DISTÂNCIA DO CENTRO DE LAGUARDIA 16,4 km
VISITAS enoturismo@valdemar.es ou preencher formulário no site
TEL. (34) 945 622 188 e 633 334 535
FUNCIONAMENTO segunda a sábado, horário a combinar

Enoturismo 100% acessível e inclusivo

A 5ª geração decidiu apostar no enoturismo, mas queria uma proposta distinta: oferecer uma visita para qualquer um. Depois de dois anos de estudos e preparação, criou-se uma visita 100% inclusiva e acessível para pessoas com alguma deficiência física, visual, auditiva ou cognitiva. Basta informar no momento da reserva. É um projeto maravilhoso e emocionante. Baseada na ideia que os sentidos nos unem, a experiência tornou-se mais cuidada, mais sensorial. Fui estimulado a observar, tocar e cheirar como em nenhuma outra visita.

Os vinhos são provados ao longo do tour, sempre com acompanhamentos que harmonizam perfeitamente. Ao final da visita, você poderá provar outros rótulos da extensa gama, dividida em tradicional, sob a marca Conde de Valdemar, e nas linhas autorais e de vinhedos únicos, "que escutam a terra". Os preços são mais do que justos.

Para quem viaja com crianças de 3 e 10 anos, a Experiência Valdemar em família é perfeita. Os pais buscam os melhores vinhos enquanto os pequenos participam de uma gincana procurando as uvas mágicas.

Vale conferir:

- Conde Valdemar Finca Alto Cantabria. Primeiro branco fermentado em barrica da Espanha, lançado em 1986. Flores brancas, pêssego e frutas secas. Harmonizamos com uma tapa de Fois Gras... perfeito!

- Conde de Valdemar Reserva. Suave, equilibrado, agrada a todos.

- Las seis alhajas. 100% Graciano. Espécime raro. Notas mentoladas, fresco e acidez marcada.

- La Gargantilla. 100% Garnatxa. Um perfume invadiu meus sentidos. Uma convulsão violeta, delicada e elegante! Vinhedos antigos. Por favor, não harmonize com nada, pois é um dos melhores do guia.

VALSERRANO

www.valserrano.com

FUNDAÇÃO *1880* **VINHEDOS PRÓPRIOS** *65 ha* **PRODUÇÃO ANUAL** *450 mil garrafas*

END. *Calle Herrería, 76 - Villabuena de Álava*
DISTÂNCIA DE LAGUARDIA *13,8 km*
VISITAS *visitas@valserrano.com*
TEL. *(34) 945 609 085*
FUNCIONAMENTO *segunda à quinta, das 9 às 14h e das 15 às 17h; sexta e sábado, das 10 às 13:30h;*

Trabalho bem feito

Sendo uma das mais antigas bodegas de Rioja Alavesa, já são cinco gerações no comando, elaborando, acima de tudo, vinhos bem feitos (a capacidade dos tanques seria suficiente para produzir o triplo).

Vinhedos em vaso, colheita manual, parcelas vinificadas separadamente. Não há vinho jovem. O foco é o esmero. Diferente das demais vinícolas, os vinhos envelhecem em depósitos (evoluem melhor), sendo engarrafados seis meses antes da venda.

Não é necessário fazer a visita completa. Aproveite para provar os vinhos em tanques e barricas, oportunidade rara. Depois, prove os diversos rótulos acompanhados de chorizo e queijo da zona. O Gran Reserva Blanco é raríssimo. Aroma oxidado, potência. Só para connaisseurs. São servidos vinhos por taça e também é possível provar safras antigas.

Vale conferir:

- *Blanco.* Fermentado em barrica. Acidez e maciez.
- *Gran Reserva Tinto.* Seis anos de envelhecimento. Muita fruta e chocolate amargo. Taninos presentes e macios.
- *Finca Monteviejo.* Vinhedos de 70 anos. A estrela da vinícola. Amplo em boca. Fruta madura, confitada. Vinhaço.
- *Mazuelo 100%.* Fruta fresca, caramelo. Uma delícia este vinho!
- *Nico.* Novo mundo. Fruta, potência, expressivo e "especiado". Homenagem ao primeiro neto da família.

VIÑA REAL
www.cvne.com

FUNDAÇÃO 2004   **VINHEDOS PRÓPRIOS** 200 ha   **PRODUÇÃO ANUAL** 4 milhões de garrafas

END. Carretera Logroño – Laguardia, km 4,8 - Álava
DISTÂNCIA DE LAGUARDIA 11,4 km
VISITAS Reservar diretamente no site ou visitas@cvne.com
TEL. (34) 941 304 809
FUNCIONAMENTO Loja e wine bar, de segunda a sábado, das 9 às 17h

Objetos Voadores Identificados

É a mais moderna do grupo CVNE – Compañía Vinícola del Norte de España. Para quem vai de Logroño a Laguardia, a bodega é o primeiro marco do mundo do vinho a ser percebido. Construída no topo da montanha, o que se vê é um imenso tonel encravado na rocha.

A visita é didática e explica as características das três regiões que formam a denominação de origem Rioja: Rioja Alta, de influência atlântica; Rioja Oriental, com clima mediterrâneo; e Rioja Alavesa, onde está a vinícola, com um microclima ideal para o cultivo da vide.

No piso inferior, está a chamada sala da tina, com dezenas de tanques instalados em círculo. Aqui se dá o balé dos O.V.I.s – Objetos Voadores Identificados – que carregam 6,5 mil quilos de uva das mesas de seleção até cada um dos tanques por vez. Eles também voam sem parar ao longo da fermentação, auxiliando a remontar cada tanque quatro vezes por dia. Para quem gosta de engenharia e arquitetura, a visita é imperdível.

O processo de elaboração é bem explicado e o trajeto pode ser feito por cadeirantes e deficientes visuais, que contam com sinalização em braile em pontos estratégicos.

Vale conferir:

- Esqueça a degustação básica. Escolha a Reserva ou a Premium. Ambas com rótulos das três vinícolas do grupo.

- Viña Real Blanco. É um Viura para competir com os Verdejos. "Se abrir a garrafa... já era".

- Viña Real Reserva. Fácil de beber. Versátil, combina com carnes e massas com molho vermelho e funghi.

- Viña Real Gran Reserva. Parece um Bordeaux de Graves. Fruta madura em compota, especiarias, tabaco. Estruturado.

YSIOS

www.bodegasysios.com

FUNDAÇÃO 2001 **VINHEDOS PRÓPRIOS** 5 ha **PRODUÇÃO ANUAL** 150 mil garrafas

END. *Camino de La Hoya, s/n - Laguardia*
DISTÂNCIA DO CENTRO DE LAGUARDIA 1,9 km
VISITAS visitas.ysios@pernod-ricard.com
TEL. (34) 945 600 640
FUNCIONAMENTO *segunda à sexta, visitas às 11, 13 e 16h; sábado, domingo e feriados, às 11 e 13h*

O templo

É isso mesmo. Esta bodega foi pensada como um templo, para homenagear os deuses egípcios Ísis e Osíris (daí o nome Ysios). O projeto é do "mago" Santiago Calatrava. Na estrutura de quase 200 metros de largura por 40 de profundidade não há colunas! O peso é distribuído pelas ondas que estão nas paredes – todas curvas. Ao redor do prédio há um espelho d'água que reflete o telhado de alumínio, além de auxiliar na manutenção da temperatura e umidade, 16 graus e 80%, respectivamente.

Aqui a praticidade impera. São novecentas barricas (95% francesas) e um enólogo trabalhando. As barricas são provenientes de árvores escolhidas pessoalmente nos bosques franceses.

O conceito é elaborar vinhos especiais em quantidades limitadas. Por enquanto a Tempranillo reina absoluta. As uvas vêm de três terroirs distintos em altitude: ao lado do rio Ebro (400 m), pueblo (500 m) e montanha (640 m). Todos os vinhedos são maiores de quarenta anos e a colheita é manual. A filosofia é privilegiar a uva, enquanto o carvalho atua como consorte.

Vale conferir:

- **Ysios Reserva.** "Não é um típico Reserva de Rioja". 22 meses em carvalho francês. Intenso, cor profunda, notas minerais, defumadas e tostadas. Corpo médio plus e taninos suaves. Saboroso e persistente.

- **Ysios Edición Limitada.** Garrafas numeradas e produzido apenas nos melhores anos. Perfumado, floral. Em boca, ameixa em calda, frutas negras e groselha.

- Foram elaboradas mil garrafas de cada um dos terroirs, vendidas apenas na vinícola.

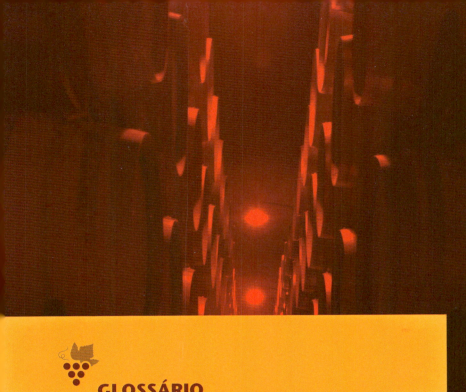

GLOSSÁRIO

PEQUENO DICIONÁRIO BASCO

ARDOA Vinho

AGUR Tchau

BAI Sim

EGUN ON Bom dia

ESKERRIK ASKO Obrigado (a)

EZ Não

KAIXO Olá, oi

PINTXO Tapa (comida)

ARDO GORRIA Vinho tinto

ARDO ZURIA Vinho branco

BEHARBADA Talvez

EUSKADI País basco

EUSKERA Língua basca

EZ DAGO ZERGAITIK De nada

ONDO OK

TXOKO É uma cozinha extra e com lareira onde famílias e amigos se reúnem para cozinhar e beber

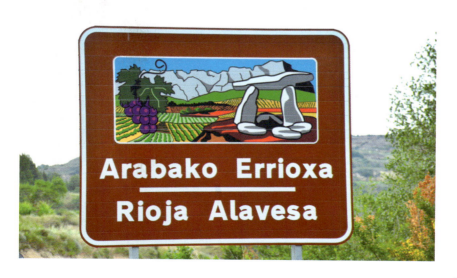

O mundo do vinho usa um "dialeto global", composto por inúmeros termos técnicos em francês (fr), latim (la), espanhol (es), italiano (it), inglês (in) e português (pt). Abaixo seguem os mais ouvidos na viagem.

A

ALBUMINA Proteína da clara de ovo utilizada para clarificar o vinho, processo pelo qual se eliminam as partes sólidas em suspensão.

AMPELOGRAFIA Disciplina da botânica e da agronomia que estuda, identifica e classifica as variedades com base na descrição de vários órgãos das plantas, como a forma e a coloração das folhas e dos cachos.

AMPLO Dizemos que um vinho é amplo quando enche nossa boca de sabor.

ANTOCIANO Polifenol responsável pela coloração nos vinhos tintos.

ASADO (es) Churrasco.

ASADOR (es) Pode referir-se ao churrasqueiro, isto é, a pessoa que prepara o asado, à churrasqueira, ou a um restaurante que tem churrasqueira e serve asados.

ATAQUE Ao degustar um vinho, é a primeira sensação que se percebe.

ATERCIOPELADO (es) Aveludado. Dizemos que um vinho é aveludado quando ele acaricia o paladar ao passar pela boca.

AZUFRE (es) Enxofre. Usado em pastilhas para higienizar as barricas. Também é adicionado ao vinho sob a forma de anidrido sulforoso em quantidades regulamentadas para conservar o vinho.

B

BARRA (es) Balcão.

BÂTONNAGE (fr), BATONAGE (es) Operação de revolver as leveduras mortas que se depositam no fundo da barrica durante o processo de envelhecimento. O objetivo é "arredondar" o vinho, sobretudo brancos e espumantes.

BAZUQUEO (es) Ato de afundar o sombrero para que este, em contato com o mosto, libere mais cor e estrutura.

BOCA (es) Termo usado para descrever a textura do vinho na boca durante a degustação. "En boca este vino es muy bueno".

BORDE (es) Borda. Durante a degustação, você poderá ouvir que "este vino tiene un borde grenate".

BORRACHO (es) Bêbado. Dessa parte não me lembro.

BOTELLA (es) Garrafa.

BOUQUET (fr) Termo usado para designar os finos aromas que se formam quando o vinho é envelhecido em garrafa após o estágio em madeira. Também chamados de aromas terciários, só serão encontrados nos "grandes vinhos".

C

CALDO (es) O mesmo que vinho.

CALADO (es) Corredores ou túneis subterrâneos onde o vinho era produzido e armazenado para envelhecer.

CAPA (es) Refere-se à intensidade da cor. Um vinho de capa alta significa que possui uma cor muito forte, escura, impenetrável à luz.

CASCO ANTIGUO (es) Centro histórico das cidades.

CATA (es) Degustação, prova.

CAVA (es) É o nome de uma Denominação de Origem catalã, que regula a elaboração de vinhos espumantes pelo método tradicional, isto é, cuja segunda fermentação ocorre na garrafa. Outras regiões espanholas também estão autorizadas a produzir cavas, como a Rioja Alavesa. Com o passar dos anos, cava virou sinônimo de espumante espanhol. Todavia, nem todo vinho espumante é cava, mas todo cava é espumante.

CEPA (es) Variedade de uva. Mazuelo é uma casta ou variedade.

CENA (es) Jantar.

CHÂTEAU (fr) A tradução literal é "castelo", mas o termo é utilizado para designar qualquer propriedade que produza vinho na região de Bordeaux. Com o mesmo sentido, usa-se domaine, na Borgonha; quinta, no Douro; herdade, no Alentejo; fattoria, cantina ou tenuta, na Itália; finca, na Argentina; viña, no Chile; bodega, na Espanha; vinícola, no Brasil. Também é usado para designar o melhor vinho produzido no château.

CHORIZO (es) Salame de cor alaranjada elaborado com carne de porco e pimentão vermelho.

COMPLEXIDADE Quando um vinho de alta qualidade apresenta diversos sabores ou aromas, dizemos que é um vinho complexo.

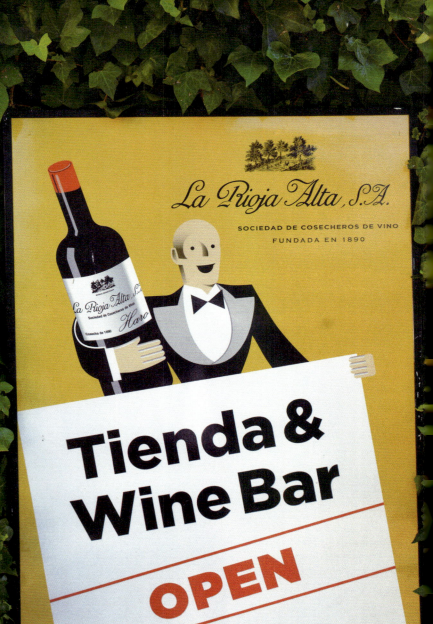

COPA (es) Taça.

CORCHO (es) Rolha.

CORPO Peso do vinho na boca. Influenciado pela graduação alcoólica, pela quantidade de fruta etc.

CRIANZA (es) Termo utilizado para designar o tempo que um vinho deve permanecer envelhecendo – em tanques, barricas ou garrafas – antes de ser comercializado.

COSECHA (es) Colheita, safra.

COSECHA EN VERDE, RALEO (es) Processo que visa à diminuição da produção com o corte do excesso de cachos. Dessa forma a planta concentrará todos os esforços nos cachos remanescentes. O Château Margaux, de Bordeaux, foi o primeiro a fazê-lo, em 1986.

COSECHA TARDÍA (es), LATE HARVEST (in) Vinhos elaborados com uvas que foram colhidas tardiamente para a obtenção de altos teores de açúcar. Normalmente indicados para acompanhar a sobremesa.

COUPAGE (fr) Processo no qual vinhos elaborados em diversos tanques e/ou barricas são reunidos em um só tanque para a obtenção de um vinho mais homogêneo e finalizado.

CUVÉE (fr) Designa um lote específico do vinho que foi produzido em uma determinada cuve (fr) ou cuba.

Uma cuvée especial é como uma partida ou produção especial.

D

DEGUSTAÇÃO Ato de beber com prazer, apreciando. Pode-se beber um copo d'água. Mas, para decifrar os segredos de um bom vinho, é preciso degustá-lo.

DESCUBE (es) Processo de tirar o vinho do tanque ou cuba, separando-o das películas e sementes.

D.O. Denominação de Origem. Sistema utilizado para reconhecer a qualidade de determinada região ou tipo de vinho. Para garantir o cumprimento das normas, é estabelecido um Conselho Regulador. Na Espanha existem 62 Denominações de Origem. Rioja e Ribera del Duero são duas delas.

E

ENÓFILO Amigo do vinho. Quem aprecia, gosta de vinho.

ENÓLOGO Profissional formado em enologia, responsável pela fabricação do vinho.

ENOTURISTA Turista que faz questão de incluir vinícolas em seu roteiro de viagem. Como eu e você.

ENVERO (es) Época em que a uva muda de cor no vinhedo.

ENXERTIA Técnica utilizada para evitar pragas (Philoxera, por exemplo). Usa-se a raiz de uma planta americana (conhecida como cavalo) imune à praga e enxerta-se a variedade que se deseja produzir.

EQUILÍBRIO Quando taninos, álcool, acidez e fruta estão em harmonia, dizemos que o vinho é equilibrado.

ESPALDERA (es) Espaldeiro. Sistema de plantio mais utilizado em todo o mundo, que se caracteriza por plantas de um ou dois braços e altura controlada. Apesar de menos produtivo do que o sistema latada, facilita o manejo e garante uvas de melhor qualidade.

ESPECIE (es) Especiaria (cravo, canela, cominho). Um vinho com estes aromas é um vinho especiado (es).

ESTRUJADO (es) Processo de romper a película da uva ao final da mesa de seleção para que os grãos de uva liberem mais facilmente seu suco durante a fermentação.

EVOLUCIONADO (es) Vinho que evoluiu – positivamente ou negativamente - ao longo do tempo.

EXQUISITO (es) Diferente, mas no sentido de "muito bom". Ex.: Ese plato es exquisito.

G

GOTEO (es) Gotejamento (sistema de irrigação).

GUARDA (es) É o tempo que um vinho pode ser guardado em casa sem que sua qualidade seja comprometida. Ex.: "Este vinho tem uma guarda de dez anos."

H

HOLLEJO (es) Película da uva.

I

ÍCONO (es) Ícone. É considerado ícone o melhor vinho produzido por uma vinícola (na opinião do enólogo e do dono da vinícola, é claro). Geralmente é o mais caro.

L

LARGO (es) Vinho largo é um vinho persistente, comprido, que deixa sensações na boca que não terminam rapidamente.

LÁGRIMAS Formações resultantes da movimentação do vinho na taça, influenciadas pela velocidade de evaporação do álcool.

LEVEDURAS NATIVAS Leveduras encontradas na própria uva e/ou no ambiente.

LIGERO (es) Quando o vinho é leve e passa rápido pela boca.

M

MARIDAJE (es) Harmonização. Ato de combinar o vinho com os pratos de uma refeição.

MACERACIÓN (es) Maceração. Processo que consiste em deixar o mosto em contato com as películas e sementes

para obtenção de mais aromas, taninos e estrutura.

MACERACIÓN CARBÓNICA (es) Maceração na qual os grãos de uva são inseridos inteiros no tanque. A fermentação, neste caso, começa dentro da uva, fazendo com que o gás carbônico rompa a película da uva no decorrer do processo.

MORCILLA (es) Chouriço (linguiça) que leva sangue em sua composição.

MOSTO Mistura de uvas prensadas que será fermentada para se tornar vinho.

N

NARIZ Quando o vinho possui aromas equilibrados, diz-se que ele tem um bom nariz.

O

ORUJO (es), OLLEJOS (es) Bagaço.

O.V.I. Objeto Voador Identificado. Recipiente de aço utilizado de forma suspensa para transportar as uvas da mesa de seleção até os tanques de fermentação a fim de evitar o bombeamento e não "machucá-las".

ORGANOLÉPTICO Referente à cor, aroma e sabor.

P

PÁRAMO (es) Monte, parte elevada de uma planície.

PAGO (es) Vinhedo singular. Um vinho de pago é elaborado com uvas de um único vinhedo, de um pago.

PARCELA (es) Talhão. Pedaço demarcado de terra. Não é uma medida específica. Ex.: "Na parcela 7 da propriedade está plantada Garnacha."

PELÍCULA (es) Quando a fruta não tem casca, tem película ou pele. É o caso da uva, que não se descasca, portanto, não tem casca, tem película. A laranja, por sua vez, tem casca.

PEPITA (es) Semente da uva.

PHILOXERA (la) Inseto que se alimenta das raízes das videiras e que devastou os vinhedos europeus na metade do século XIX. Está presente praticamente em todos os vinhedos do mundo, exigindo a técnica de enxertar ou enxertia.

PICADO (es) Vinho avinagrado.

PICOTEO (es) Ação ou efeito de picotear ou picar, que significa espetar os alimentos em pequenas porções. O mesmo que petiscar, comer em pequenas porções.

PILETA (es) Tanques feitos de cimento e/ou concreto.

PLATO DE FONDO (es) Prato principal.

POSTRE (es) Sobremesa.

PROPINA (es) Gorjeta.

PULPA (es) Polpa.

PUNTAJE (es) Pontuação atribuída a determinado vinho por uma publicação renomada.

R

RACIMO (es) Cacho.

RASPÓN (es) O que sobra do cacho sem as uvas. Engaço.

REGALIZ (es) Alcaçuz.

REMOLQUE (es) Reboque. Normalmente as uvas são transportadas do vinhedo à vinícola em trator, que por sua vez puxa o reboque.

REMONTAGE (fr), REMONTAJE (es) Processo de obtenção de cor que consiste em diversas passagens do suco pelos sólidos – peles e sementes – antes do processo de fermentação dos vinhos tintos. Normalmente é realizado com auxílio de bomba.

RETROGOSTO, FINAL, PERSISTÊNCIA Sabor e aroma que ficam na boca após o vinho ser engolido.

RICO (es) Gostoso, delicioso. Ex.: "El almuerzo estava muy rico."

ROBLE (es) Carvalho.

S

SALCHICHÓN (es) Salame de cor rosa elaborado com carne de porco e especiarias como alho, pimenta, orégano e noz moscada. É o mais parecido com o salame italiano ao qual estamos acostumados no Brasil.

SANGRÍA (es) Técnica para aumentar a concentração do vinho. Consiste na retirada de

líquido durante a maceração para aumentar a proporção dos sólidos e, com isso, incrementar aromas e corpo. O líquido retirado é geralmente usado para elaborar o vinho rosado. O procedimento não é muito bem-visto pelos enólogos, que o consideram uma espécie de "trapaça".

Sangria também é o nome dado à bebida que mistura vinho, açúcar, água e frutas.

SARMIENTO (es) Galho da videira. Quando seco é utilizado como lenha para assar o cordero lechal na churrasqueira.

SINGLE VINEYARD (in) Quando o vinho é elaborado com uvas provenientes de um único vinhedo.

SOMBRERO (es) "Chapéu" formado na parte superior do tanque composto por peles e sementes, que sobem de forma natural empurradas pelo gás carbônico durante a fermentação.

T

TANINO Componente químico (polifenol) encontrado na pele e nas sementes das uvas. Dá caráter e estrutura ao vinho. Mas, se estão "verdes", proporcionam uma sensação desagradável, deixando o vinho duro e adstringente.

TAPAS (es) Aperitivo servido nos bares da Espanha, normalmente tendo uma

fatia de pão como base. O mesmo que Pintxo no Páis Basco.

TERROIR (fr), TERRUÑYO (es) Termo usado para designar a combinação de fatores que influenciam o cultivo, tais como solo, temperatura, altitude, insolação, vento e regime de chuvas.

TOLBA (es) Recipiente onde a uva é depositada logo quando chega do vinhedo para que comece o processo de seleção.

V

VASO (es) Pronuncia-se "basso". Significa copo. Também designa o método de plantação tradicional, onde os braços das vides saem bem próximos ao solo. O formato da planta parece um copo ou vaso.

VENDIMIA (es), VINDIMA (pt) Colheita.

VIDE (es), PARRA (es) Planta que produz uva. A parreira é o conjunto de videiras. O mesmo que hilera (es).

VINHO DE AUTOR (es) Vinhos elaborados de forma autoral, sem seguir as orientações da Denominação de Origem quanto à variedade de uva a ser vinificada, tipo de barricas tempo de envelhecimento etc.

VITIS VINIFERA (la) Nome genérico da vide europeia.

VINÍCOLAS EM ORDEM ALFABÉTICA

ESTRELAS	VINÍCOLA	POR QUE VISITAR	REGIÃO	PÁG.
🏅	AALTO	*Château finlandês*	Ribera / Peñafiel	94
🏅🏅🏅	ABADÍA RETUERTA	*Barricas voadoras e "vinhos livres"*	Ribera / Peñafiel	96
🏅	AMAREN	*A vinícola da Mãe*	Rioja Alavesa	202
🏅	ARZUAGA NAVARRO	*No coração da Ribera*	Ribera / Peñafiel	98
🏅🏅	BAIGORRI	*Arquitetura a serviço do vinho*	Rioja Alavesa	204
🏅🏅	BERONIA	*Vinhos Celtas*	Rioja Alta / Haro	142
🏅🏅	BILBAINAS	*Aqui tem vinhedo na visita!*	Rioja Alta / Haro	144
	BRIEGO	*"Elegancia por encima de la potencia"*	Ribera / Peñafiel	100
🏅🏅	CAMPILLO	*Um château em Rioja*	Rioja Alavesa	206
🏅🏅	CAMPO VIEJO	*A maior de todas*	Rioja Alta / Logroño	174
	CASA PRIMICIA	*Dentro das muralhas*	Rioja Alavesa	208
🏅🏅	CEPA 21	*Espírito transgressor*	Ribera / Peñafiel	102
🏅🏅	COMENGE	*A Paisagem também se bebe*	Ribera / Peñafiel	104
🏅	CONTINO	*Finca de vino*	Rioja Alavesa	210
🏅	CVNE	*Tradição espanhola*	Rioja Alavesa	146
🏅	DAVID MORENO	*Diversão para toda família*	Rioja Alta / Haro	148
🏅🏅	DOMINIO DE CAIR	*Sonho de dois amigos*	Ribera / Aranda	58
🏅	EGUREN UGARTE	*Pacote completo*	Rioja Alavesa	212
🏅🏅	EL LAGAR DE ISILLA	*A primeira visita*	Ribera / Aranda	60
🏅🏅	EMILIO MORO	*Tradição, inovação e responsabilidade social*	Ribera / Peñafiel	106
🏅	FAUSTINO	*Mais de 150 anos de história*	Rioja Alavesa	214
🏅🏅	GÓMEZ CRUZADO	*O boteco do bairro*	Rioja Alta / Haro	150
🏅🏅	IZADI	*Cozinhando grandes vinhos*	Rioja Alavesa	216
🏅🏅	LA EMPERATRIZ	*Visita de campo*	Rioja Alta / Haro	152
🏅🏅	LA RIOJA ALTA	*"Só vinhos adultos"*	Rioja Alta / Haro	154
🏅🏅	LEGARIS	*O equilíbrio perfeito*	Ribera / Peñafiel	108
🏅🏅	LOS ARANDINOS	*Visita noturna*	Rioja Alta / Logroño	176
	LUIS ALEGRE	*Que vista!*	Rioja Alavesa	218
🏅🏅	LUIS CAÑAS	*Com a taça na mão*	Rioja Alavesa	220
🏅🏅🏅	MARQUÉS DE CÁCERES	*Espíritu familiar*	Rioja Alta / Logroño	178

ESTRELAS	VINÍCOLA	POR QUE VISITAR	REGIÃO	PÁG.
⭐⭐	MARQUÉS DE MURRIETA	*Sinta-se especial*	Rioja Alta / Logroño	180
⭐⭐⭐	MARQUÉS DE RISCAL	*O marqués dos marqueses*	Rioja Alavesa	222
⭐	MARTÍN BERDUGO	*O laboratório*	Ribera / Aranda	62
⭐⭐	MATARROMERA	*Tradição e Inovação*	Ribera / Peñafiel	110
⭐⭐	MUGA	*Reverência ao carvalho*	Rioja Alta / Haro	156
⭐	OSTATU	*A editora de vinhos*	Rioja Alavesa	224
⭐⭐⭐	PAGO DE CARRAOVEJAS	*Uma incrível jornada enogastronômica*	Ribera / Peñafiel	112
⭐	PAGO DE LOS CAPELLANES	*Vinhedos, família, tradição e sonhos*	Ribera / Aranda	64
⭐⭐⭐	PALACIO	*Aposta na essência*	Rioja Alavesa	226
⭐⭐	PÉREZ PASCUAS	*Vinhos quase eternos*	Ribera / Aranda	66
⭐⭐	PORTIA	*A catedral do vinho*	Ribera / Aranda	68
⭐⭐⭐	PRADOREY	*A ousadia de crer em si mesmo*	Ribera / Peñafiel	70
⭐⭐	PROTOS	*La Primera en la Ribera*	Ribera / Peñafiel	114
⭐⭐⭐	RAMÓN BILBAO	*A viagem começa aqui*	Rioja Alta / Haro	158
⭐	REMÍREZ DE GANUZA	*O artista inquieto*	Rioja Alavesa	228
⭐	RODA	*A boutique do bairro*	Rioja Alta / Haro	160
⭐⭐	SOLAR VIEJO	*La casa solarenga*	Rioja Alavesa	230
⭐	TINTO FIGUERO	*Experiência de gerações*	Ribera / Aranda	72
⭐⭐	TINTO PESQUERA	*A origem de tudo*	Ribera / Peñafiel	116
⭐⭐	TORREMILANOS	*Experiência completa*	Ribera / Aranda	74
⭐	TRITIUM	*"Somos diferentes"*	Rioja Alta / Logroño	182
⭐⭐⭐	VALDEMAR	*Enoturismo 100% acessível e inclusivo*	Rioja Alavesa	232
⭐	VALDUERO	*Visita exclusiva*	Ribera / Aranda	76
⭐	VALSERRANO	*Trabalho bem feito*	Rioja Alavesa	234
⭐	VERÓNICA SALGADO	*"A Ribera é diferente"*	Ribera / Peñafiel	118
⭐⭐⭐	VILLACRECES	*A joia escondida*	Ribera / Peñafiel	120
⭐	VIÑA MAYOR	*En la "milla de oro"*	Ribera / Peñafiel	122
⭐⭐	VIÑA REAL	*Objetos Voadores Identificados*	Rioja Alavesa	236
⭐⭐⭐	VIVANCO	*Devoção à cultura do vinho*	Rioja Alta / Haro	162
⭐⭐	YSIOS	*O templo*	Rioja Alavesa	238

GARCÍA CARRIÓN: VINHOS EXCEPCIONAIS DE RIOJA, RIBERA DEL DUERO E LA MANCHA

LA MANCHA
1. Don Luciano Branco
2. Don Luciano Tinto

RIOJA
3. Solar de Carrión Cosecha
4. Solar de Carrión Crianza

RIBERA DEL DUERO
5. Mayor de Castilla Tempranilo
6. Mayor de Castilla Crianza
7. Mayor de Castilla Reserva
8. Mayor de Castilla Gran Reserva

ADEGA ALENTEJANA
VINHOS · AZEITES · ALIMENTOS
DESDE 1998

www.alentejana.com.br   @adegaalentejana